用搖滾撼動世界

約翰‧藍儂

李寬宏　著

三民書局

打開每個人心中的「想像盒」

七十多年前，法國著名作家「安東尼‧聖修伯里」寫過一本廣受歡迎並流傳至今的童話——《小王子》。書中那個好奇又好問的小男孩來自外星球，他純淨的心靈和真摯的感情，一直陪伴著我們地球上一代又一代人的成長。

作家聖修伯里曾經為小王子畫過一個可以讓綿羊居住的盒子。而作家自己也擁有一個珍寶盒，裡面收藏著老照片、舊信件和許多小玩意兒，他常常去翻弄這個盒子，想從中尋找創作的泉源。

三民書局的出版團隊也有這麼一個盛滿「想像」的大盒子，裡面匯集了編輯們經年累月的經驗、心得，以及來自作者、插畫家等的好主意和新點子。多年來，這個團隊不斷為小讀者們出版優秀的人物傳記、勵志叢書等。董事長劉振強先生認為這是出版人的使命，一個好傳統一定要延續下去，讓小讀者永遠有好書可讀，而且每一套書都要精益求精，各具特色。

因此，當我們開始構思下一套新書的方向，如何能夠既延續傳統，又能注入不同的角度和活力，呈現出一番新的面貌，便成為我們的首要考量。

編輯團隊圍坐在一起，慎重的打開我們的「想像盒」，希望從盒裡累積的智慧中汲取靈感。盒內的珍寶攤滿了桌面，眼前立即出現許多引導性的話語，大家一面仔細挑選，一面漸漸理出一個脈絡。

「書寫近代人物，更貼近小讀者的心靈。」

「介紹西方人物，增強小讀者對全球人物的興趣。」

「撰寫某個行業或某個領域中最有代表性的人物，他們的成就

對後世有重大影響，對小讀者有正面啟發作用。」

「多用說故事的方式寫作，以增加趣味性。」

「想像盒」就這樣奇妙的為我們搭起了一個框架，編輯團隊在這個架構中找到了方向，大家興奮的為新叢書定名為「近代領航人物」系列，並決定先從介紹西方人物入手。

框架既已穩固，該添進內容了。如何選取符合條件的撰寫對象，是編輯團隊的再次挑戰。我們又打開了「想像盒」……

「叮」的一聲，盒內跳出一個 "THINK" 的牌子，大家眼前一亮，「那不是 IBM 公司創始人湯姆士‧華生的座右銘嗎？意思是要我們海闊天空的去想像，才能產生創意啊！」於是，話匣子打開了。

有人說：「我們每個人手裡都拿著手機，不需要長長的電話線連接，就能無遠弗屆的與人聯繫，但對有『無線電之父——馬可尼』之稱的這個聰明人，我們知道的並不多。」

有人說：「啊！有了，我們何不請最喜歡開飛機的聖修伯里帶大家到義大利去拜訪馬可尼呢？」

有人說：「馬可尼不是已經拍來電報，為我們安排好去巴黎看可可‧香奈兒的時裝展示會了嗎？還要去倫敦聽約翰‧藍儂的搖滾音樂演唱會哩！」

有人說：「我對時裝展示會沒有太大興趣，但是既然去了巴黎，我倒是很想去看看大文豪雨果筆下的聖母院，也許會碰見那個神祕的鐘樓怪人！」

有人說：「我希望去倫敦時，能走訪唐寧街十號，一睹英國第一位女首相，鐵娘子柴契爾夫人的丰采。」她輕輕咳嗽了一聲，接著說：「我的肺炎剛痊癒，是用了抗生素才治好的。聽說抗生素是英國

細菌學家弗萊明發現的，我也想順便彎去他在倫敦的實驗室參觀一下。」

有人附議：「那太好了，我可以在路邊書報攤買本英國大經濟學家凱因斯主編的《經濟期刊》來一讀。」

有人舉起手來，激動的說：「我原是個害羞沉默的人，自從去上了卡內基的人際關係課程後，才學到怎麼樣表達自己。我想說出我的心願，那就是去美國華盛頓的林肯紀念碑前，聆聽人權鬥士馬丁·路德·金恩博士精彩動人的演講〈我有一個夢想〉。再去附近的國會山莊，參加約翰·甘迺迪的就職典禮，聽他充滿領袖魅力的經典名言，『不要問國家能為你做些什麼，要問你能為國家做些什麼。』」

有人跟著說：「我是環保和人道主義的支持者。既然我們到了美國，我想去緬因州，到環保使者瑞秋·卡森收集海洋生物標本的海邊去走一走。也想去紐約的聯合國兒童基金會總部拜訪兒童親善大使奧黛麗·赫本。這兩位心靈和外表都美麗的女士，一直是我最崇敬的偶像。」

看到大家點頭同意，他急忙追加：「啊，如果還能去洋基球場觀看棒球巨星貝比·魯斯在球場啟用那天轟出的第一支全壘打，那我就太滿足了……」

編輯們彼此會心一笑，這是討論時常有的現象，抱著「想像盒」，天南地北，穿越時空。我們總嘗試以開放的思路，為「傳記」類型的叢書增添更多的新意。

這時一陣歡笑聲響起，原來是美國物理學家費曼為慶祝自己得到諾貝爾獎而開的派對。賓客中有許多知名之士，第一位登陸月球的太空人阿姆斯壯也在其中。聽說費曼正在調查挑戰者號太空梭故

障的原因，阿姆斯壯是他最好的太空顧問！費曼是位科學家，但他興趣廣泛，音樂、舞蹈樣樣精通。只見他隨著熱情洋溢的森巴舞曲，一面打著鼓，一面與現代舞創始人瑪莎·格蘭姆翩然起舞。

「別鬧了！費曼先生。」門口走進一位胖嘟嘟，面無表情的老頭，把大家嚇了一大跳！只見他拿起手上的擴音器說了一聲「卡」，啊啊，難道他就是那位驚悚片大導演希區考克？

他嚴肅的接著說：「受世人景仰的南非自由鬥士曼德拉先生剛剛辭世。請大家起立致敬。」

我們這趟「穿越之旅」中的二十位人物即將登場，希望他們的領航故事也能開啟小讀者心中的「想像盒」，將來或可成為另一個新領域中的領航人，傳承發揚人類的智慧和文明。

在此特別感謝為小讀者說故事的作者們，除了正文之外，他們都特別增寫了一篇數百字的「後記」，提綱挈領的道出各撰寫人物對世界的影響，提供小讀者更明確的閱讀指標。同樣也感謝繪製精彩畫面的插畫家們，為使圖文搭配相得益彰，不惜數易其稿。對編輯團隊能讓叢書順利的如期出版，我心存感激。對充滿使命感、長期為小讀者做出貢獻的三民書局，我致上最高的敬意。

對您，選擇讀這套叢書，我誠懇的說聲「謝謝」。有您的支持，讓我們有信心為小讀者打造更多優良讀物。

簡宛　2013 年歲末寫於臺北

親愛的小朋友和大朋友：

有一個搖滾樂團，最紅的時候所到之處樂迷為之瘋狂，甚至有人親吻他們走過的地方。他們在全世界的巡演場場爆滿，現場觀眾人數動輒數萬人，粉絲在音樂會中尖叫、歇斯底里、昏倒。他們受邀在英國女皇御前演出，樂團團長發揮搞笑本領，大開觀眾席上王公貴族的玩笑；在美國第一次上電視綜藝節目那天晚上，吸引了電視機前七千三百萬名的觀眾，占當時美國人口的 34%，這個紀錄到現在沒人能破。不僅如此，他們的五張單曲唱片曾經同時囊括美國《告示牌熱門 100》排行榜前五名，這個紀錄至今也無人能破。

你們知道這是哪個樂團嗎？披頭四，答對了！

披頭四不僅在全盛時期紅透半邊天，解散多年後，他們的影響力仍然廣大深遠。為了紀念他們解散三十週年，唱片公司於 2000 年把當年他們在英國和美國排行第一的單曲，集結成一張叫做《1》的專輯，這張專輯一推出立即大賣，在二十八個國家登上排行榜冠軍。

這本書就是講披頭四團長約翰‧藍儂的故事。在書裡面，我們會談到他不快樂的童年、叛逆的青少年時期、音樂天分的萌芽、兩段愛情故事、如何創立披頭四及成為搖滾天才，還有對社會公義和世界和平的追求。

藍儂是一個個性很複雜的人。他可以非常深情、可愛、說話機智而幽默，但是有時又出口成「髒」，說話尖銳傷人，年輕時甚至會出手打人。也許不快樂的童年造成他陰鬱、內向、悲觀的個性，需要在外表用侵略性的言行來掩藏內心的脆弱。我們如果想到自己也有許多人格缺陷，或許就不會對他過分苛責。

儘管個性並不完美，約翰‧藍儂依然是個多才多藝的天才。他

不但會唱歌，還會作曲、作詞、彈吉他、吹口琴、彈鋼琴、畫畫、寫詩、寫散文。也因為這樣，他頗為自負，批評起才華平凡的歌手一點都不留情；可是一碰到值得佩服的人，他卻極端恭敬。

比如說，有一個叫傑瑞‧李‧路易斯的搖滾歌手，走紅於 1950 年代末期，是藍儂年輕時的超級偶像。傑瑞‧李彈起鋼琴來非常瘋狂，會用拳頭、手肘、甚至腳跟猛力敲打琴鍵。有一次在自彈自唱他最著名的曲子〈大火球〉時，居然在舞臺上放火燒了鋼琴，造了一個大火球，然後他老兄還在著火的鋼琴上繼續敲打彈奏！大家如果想知道 1950 年代的搖滾樂有多生猛火爆，一點不輸今天的場面，請上網輸入關鍵字串 "jerry lee lewis great balls of fire video" 來搜尋影音畫面。

1973 年，藍儂已經是搖滾界的天王巨星，他特地到洛杉磯看傑瑞‧李演出，甚至在節目結束後立刻跑到後臺去拜訪他的偶像。看到傑瑞，藍儂一言不發立刻跪下，一直親吻傑瑞的牛仔靴。傑瑞有點吃驚又有點不好意思，把手放在藍儂的肩膀，溫柔的說：「好了，孩子，不用這樣。」藍儂站起來，對傑瑞說：「殺手（傑瑞的綽號），謝謝你讓我們知道什麼是搖滾。」英雄惜英雄，這才是搖滾的真精神！

藍儂不僅對傑瑞如此，對他的第二任太太小野洋子更是敬愛有加，他甚至稱她為「母親」。兩人心靈契合、惺惺相惜的愛情，在這本書裡面有詳細的描述。

日本著名的作家村上春樹有一本暢銷又長銷的愛情小說叫做《挪威的森林》，書名就是取自藍儂一首歌的名字。這首歌很動聽，裡面用了印度樂器西塔琴，這是搖滾樂團第一次在歌曲裡面使用西

塔琴。歌曲的原名為 "Norwegian Wood"，正確的翻譯應該是〈挪威的木材〉，村上春樹誤譯了，不過我強烈懷疑他是故意的。《挪威的森林》這本小說到今天為止，光是在日本就賣出超過一千萬本，如果把書名改成「正確的」《挪威的木材》，我猜想書的銷量至少會減少一半以上。

感謝三民書局給我機會和大家聊搖滾天王約翰・藍儂的故事。為了寫這本書，我把披頭四的二百多首歌曲全部再聽了一遍，有的更聽了兩、三遍，讓我回想起年輕時瘋迷他們音樂的美好時光，實在太過癮了！書裡面討論到的歌曲，我都列出可上網搜尋的關鍵字串，方便大家搜尋、欣賞，所以這本書應該可以算是有聲書吧。

謝謝主編張燕風老師和三民書局編輯給我的熱心協助。蔣淑茹老師「被志願」當白老鼠，是本書的第一位讀者。她發現一些錯誤也提出許多建議。謝謝她！

李寬宏

臺灣屏東人，清華大學核子工程學士，美國普度大學機械工程碩士、博士。在美國讀書、工作三十年後退休。

喜歡走路，跳舞，聽音樂，彈鋼琴。著有《雙 Q 高手：孔子》、《搞怪神童：莫札特》、《星際使者：伽利略》、《鈴，鈴，鈴，請讓路：第一次騎腳踏車》、《愛唱歌的小蘑菇：歌曲大王舒伯特》、《兩千五百歲的酷老師：至聖先師孔子》。

用搖滾撼動世界

約翰‧藍儂

CONTENT

約翰・藍儂

1940～1980

John Lennon

01

落跑的父母

　　約翰・藍儂＊誕生於第二次世界大戰時的英國港都利物浦，他出生的時候只有媽媽茱莉亞和咪咪阿姨陪伴，爸爸艾爾福（綽號阿福）不在身邊。

　　「約翰」是名字，「藍儂」是姓，這本書裡面提到故事的主人翁時，在一般敘述部分我們會用「藍儂」，在對白部分我們則用「約翰」，除非一些特別情況：如老師或咪咪阿姨對他會用比較正式的稱呼「藍儂先生」或「約翰・藍儂」，尤其在他調皮搗蛋的時候。

　　他的爸爸是個船員，那時正在運兵船上。因為工作的關係，阿福經常不在家，好不容易回到家，也只是蜻蜓點水一下就溜掉。

阿福一開始還會按月寄生活費回來。到了藍儂一歲半的時候，阿福忽然音訊全無，家裡的生活費當然也就沒著落。茉莉亞只好到潘尼巷的一家咖啡館當女侍賺錢貼補家用。

這條巷子在二十七年後因為披頭四＊的一首同名歌曲而大大出名，變成一個熱門觀光景點，觀光客把潘尼巷的路牌偷個精光。市政府很頭大，只好把路牌釘在高高的牆上，而且釘得死死的。

阿福失蹤了幾個月後，突然又出現，茉莉亞問他：「你到哪去了？」

＊約翰・藍儂 (John Winston Lennon)：他出生的時候正值第二次世界大戰，英國在首相溫斯頓・邱吉爾 (Winston Churchill) 領導之下對德國作戰。媽媽茉莉亞出於愛國熱情，把藍儂中間的名字命名為溫斯頓。

＊披頭四 (Beatles)：是約翰・藍儂在 1960 年所組的搖滾樂團。他不但是團長，也是主要作詞人、作曲人、歌手、吉他手（有時也當口琴手和鍵盤手）。披頭四活躍於 1960～1970 年間，巔峰時期全世界的年輕人為之瘋狂。本書後面的章節會有更詳細的描述。

阿福搓搓手，一直傻笑，就是不吭聲。

茉莉亞生氣了，一把抓住阿福的領子：「你放著兒子不管，到底死到哪裡去了？」

阿福為了要脫身，便隨便掰了一個理由：「沒有啦，我只是因為偷東西，被關了三個月。別生氣嘛。」

「你偷了什麼東西？」茉莉亞問。

阿福支支吾吾：「其實，沒有啦，我亂講的啦，我沒有偷東西啦。」

「你沒偷東西，那麼這幾個月到哪裡去了？為什麼不回家也不寄家用回來？」茉莉亞又問。

阿福只是傻笑。

茉莉亞氣炸了，但是拿他沒辦法。她手一鬆，阿福像條泥鰍般，一下子便又消失得無影無蹤。

茉莉亞認識阿福的時候才十四歲，她的家人不喜歡阿福，覺得這男孩子沒出息，但茉莉亞不聽勸告，執意和阿福交往。兩人愛情長跑十一年後結婚。阿福跑船工作不定，經濟情況很糟，兩

人的「蜜月旅行」是去看一場電影。

茱莉亞並不嫌阿福窮，這是為什麼當初她不顧家人反對，硬要嫁給他。真正令茱莉亞傷心的是阿福那種吊兒郎當、不負責任的態度。

她決定放棄這個不成材的老公。

茱莉亞工作的咖啡館有個名叫巴比的常客，是個旅館經理，人很好。兩人交往一段時間以後，茱莉亞決定帶著藍儂和巴比住在一起。

巴比的公寓很小，只有一張床，晚上睡覺三個人就擠在這張床上。藍儂出生時，陪在茱莉亞旁邊的咪咪阿姨是茱莉亞的大姐，覺得這很不像話，要求茱莉亞讓她把藍儂帶回家，因為她家比較寬敞，藍儂可以有自己的房間。茱莉亞拒絕，咪咪阿姨就向社會服務局告發。

社會服務局的人來看了茱莉亞住的地方，覺得咪咪阿姨說得有道理，判決藍儂應該暫時由咪

咪阿姨照顧，直到巴比和茱莉亞找到大一點的公寓為止。

咪咪阿姨做事一絲不苟，把家裡打掃得一塵不染。她自己沒有小孩，雖然疼愛藍儂，但是因為個性嚴厲古板，所以和藍儂沒有親密的互動。每當小藍儂張開雙手要抱她，她就會把藍儂推開，說：「走開，阿姨沒空，去做自己的事。」

小藍儂這個時候就會特別想念媽媽。媽媽來咪咪阿姨家看他時，常常會摟著他，把他的臉親得啵啵作響，還會把他一把抱起來，轉圈圈跳舞，小藍儂希望能和媽媽住在一起。

藍儂六歲的時候，有一天家裡門鈴響了，咪咪阿姨打開門，發現居然是失蹤多時的阿福。

「阿福你好，好久不見。什麼時候回來的？」咪咪說。

「剛到，嘿嘿。聽說約翰住在妳這兒？」阿

福一面搓手，一面說。

「沒錯。社會服務局的安排。」咪咪說。

「我想帶他去度個假。」阿福說。

咪咪有點擔心，這個沒責任感的男人，不曉得在玩什麼花樣。但她又不能拒絕，阿福終究是藍儂的父親。

「度假，好啊。」咪咪說。「你要帶他去哪裡？」

「黑池。」阿福說。

黑池是英國西北方濱海的一個度假勝地，每年在這裡舉行全世界最著名的國際標準舞大賽。

但是阿福並不是要帶小藍儂去看國際標準舞大賽。

阿福和小藍儂一走，咪咪立刻通知茱莉亞。茱莉亞知道大事不妙，馬上和巴比追到黑池，在一家旅店找到父子倆。

茱莉亞一見到阿福就有氣：「阿福，你為什麼帶走約翰？」

「我和自己的兒子度假，不行嗎？」阿福嘻皮笑臉的說。

「你還有臉說『兒子』這兩個字？把約翰還來，我要帶他回家！」茱莉亞說。

「約翰不和妳回家。」阿福說。「他要和我去紐西蘭。我希望妳也來。我會努力工作，我們會過得很好。」

「我不跟你去紐西蘭，我要帶約翰回家。」茱莉亞說。

「妳來不來隨妳，但是約翰和我一定要去紐西蘭。」阿福說。

「你敢！我告你綁架。」茱莉亞回頭叫巴比：「巴比，叫警察！」

阿福不喜歡警察，趕忙說：「不必把事情鬧得那麼難看。這樣吧，我們讓約翰選，看他要跟誰。」

茱莉亞勉強同意這個方法。

阿福柔聲的對藍儂說：「約翰，紐西蘭比利物

浦漂亮得多，爹地帶你去玩，好不好？」

小藍儂很少見到爹地，現在爹地又這麼溫柔的對他說話，他想討爹地歡心，同時也想去漂亮的紐西蘭玩，便點點頭，說：「好！」

茱莉亞急了，跟兒子說：「約翰，你如果去紐西蘭，你就看不到媽咪了。不要去紐西蘭，跟媽咪回家好不好？」

藍儂心想，回家去見那個凶巴巴的咪咪阿姨，我才不要呢！他對茱莉亞說：「我不要回家，我要去紐西蘭。」

阿福露出勝利的笑容，說：「孩子已經做了選擇，你們請回吧。再賴下去，換我叫警察了。嘿嘿。」

茱莉亞哭著抱住藍儂，久久說不出話來。她很不捨的親親藍儂的臉頰和額頭，最後虛弱的站起來，由巴比扶著她，轉身慢慢離去。

小藍儂抬頭看阿福，看到的是一個陌生的男人。轉頭，他看到熟悉的背影正在離開。他忽然

清醒了。大叫一聲「媽咪！」然後追出去抱住茱莉亞，大哭說：「媽媽不要走，我跟妳回家。」

於是小藍儂又回到咪咪阿姨家。

茱莉亞和巴比後來搬進一間比較大的公寓，藍儂很高興，心想現在終於可以和媽媽住在一起了，但是媽媽並沒有接他回家同住。茱莉亞認為他在咪咪阿姨家已經住得很習慣，不要搬來搬去。一直到長大成年，藍儂都住在咪咪阿姨家。

經常失蹤的父親，加上不願意和他同住的母親，讓小藍儂一直覺得自己是個沒父母的孩子，他一直在想：「我到底做錯了什麼，為什麼爸媽都拋棄我？」種種的疏離感，在小藍儂的心裡刻下永難磨滅的傷痕。

藍儂在三十歲時寫了一首叫做〈母親〉*的歌，我們聽他在歌聲裡的哭號，就知道童年的傷痕在隔了二十多年後，依然像新刻上去一般，那麼深，那麼痛：

Mother, you had me

／母親，妳擁有我

But I never had you

／但是我從沒擁有過妳

I wanted you

／我要妳

But you didn't want me

／但是妳不要我

So I

／所以我

I just got to tell you

／我必須告訴妳

Goodbye

／再見

Goodbye

＊**母親** (Mother)：可上網輸入關鍵字串 "lennon mother video" 來搜尋影音畫面，聆聽歌曲內容。

／再見

Father, you left me

／父親，你離開我

But I never left you

／但是我從沒離開過你

I needed you

／我需要你

But you didn't need me

／但是你不需要我

So I

／所以我

I just got to tell you

／我必須告訴你

Goodbye

／再見

Goodbye

／再見

……

Mama don't go
／媽媽不要走
Daddy come home
／爹地回家來
Mama don't go
／媽媽不要走
Daddy come home
／爹地回家來
Mama don't go
／媽媽不要走
Daddy come home
／爹地回家來
Mama don't go
／媽媽不要走
Daddy come home
／爹地回家來

02

放牛班的春天

　　藍儂就讀採石河岸高中時，成績很不好，分在放牛班，又時常晚睡，生活作息不規律，搞得咪咪阿姨很不高興。有天晚上十一點半他房間的燈還亮著，咪咪阿姨咚咚咚咚用力敲藍儂的門。

　　「約翰，已經十一點半了，還不睡覺！明天起不來，上課又要遲到！」

　　藍儂做了一個鬼臉，低聲咕噥了一句「嘮叨鬼」，然後大聲說：「咪咪阿姨，我正在做數學功課啦，剩下最後一題，做完了就睡。」

　　咪咪阿姨說：「你數學是該加把勁了，上次考試才得 18 分！」

　　「咪咪阿姨，妳為什麼不說我的美術得了 95 分呢？」藍儂說。

「除了美術以外，你其他功課也沒多好啊。英文 52 分，歷史 39 分，地理 30 分。」

「妳記性好好喔，咪咪阿姨。」藍儂不懷好意的諷刺，說完又做了一個鬼臉。

「你少耍嘴皮，約翰・藍儂。好了，早點睡吧。」

「遵命，夫人！」

說完，藍儂又開始低頭在學校筆記本上寫寫塗塗。

他當然不是在做數學功課。他正忙著編明天的「報紙」——《每日一嚎》。報紙的名字來自美國詩人艾倫・金斯堡剛發表的著名反體制長詩《嚎》。不管看得懂看不懂，當時自認為與世界為敵的叛逆青年手上一定要拿著這本詩集，這樣才能彰顯其文藝氣息。

《每日一嚎》是一份全手工報紙，由藍儂在學校的作業本上手繪卡通，以及寫些無厘頭的詩和短文。每天到學校先拿給他小學一路到高中的

死黨彼特‧沙頓看，然後再給全班同學傳閱。換句話說，他是報紙的主編、狗仔、記者、印刷廠、報童。

比如說，明天的報紙大概長得像底下這樣：

為了服務讀者，他的報紙有時還會有氣象報告：

「明天會悶熱 (Muggy)，然後會塌熱 (Tuggy)，威熱 (Weggy)，澀熱 (Thurggy)，和福熱 (Friggy)。昨天地上很潮溼，是雨水搞的。」

你不知道什麼是塌熱、威熱、澀熱、福熱？我也不知道。他是在玩文字遊戲沒錯，但是除了 Muggy、Tuggy、Weggy、Thurggy、Friggy 都押 ggy 的韻之外，還有什麼玄機嗎？

有的，他是在玩星期一 (Monday) 到星期五 (Friday) 的文字遊戲。Muggy（悶熱）是個規規矩矩的氣象用語，它的發音有點像 Monday（星期一），所以從 Tuggy 開始，他就把星期二到星期五一股腦兒全列出來了。

第二天早上第一堂數學課，藍儂果然遲到。他先在後門偷偷張望，等老師轉身寫黑板時才躡手躡腳溜進教室，沒想到老師好像背部長了眼睛，猛然回轉身來，瞪著他厲聲叫道：「藍儂先

生！」

藍儂嚇得差點得心臟病，趕忙站定回答：「是，先生！」

老師說：「你上課不是遲到，就是不到。你到底在搞什麼鬼？」

藍儂說：「對不起，老師。我昨晚做數學功課做到太晚，所以今天睡過頭了。」

老師把右手一伸，說：「把功課給我！」

藍儂裝出很傷心的聲調，說：「對不起，老師。功課被我家的狗吃掉了。」

全班哄然大笑，大家都知道藍儂家裡根本沒養狗。老師當然也知道他在瞎掰。

「看來你家的狗一肚子學問，快變成愛因斯坦了。明天把牠帶來，我要向牠請教一些數學問題。」老師說。

「老師，我今天回家會問牠，看牠明天有沒有空。」藍儂說。

全班又是一陣大笑。

　　等藍儂一坐定，老師又開始寫黑板，坐在藍儂前面的彼特立刻把頭轉過來，說：「《每日一嚎》呢？」

　　藍儂把「報紙」拿給他，彼特讀了起來，一面讀，一面呵呵呵呵笑個不停。老師說：「沙頓先生，請安靜！」

　　彼特趕快說：「是的，先生！對不起！」同時把《每日一嚎》傳給旁邊的同學。

　　老師還在寫黑板，藍儂站起來，學當時紅得發紫的搖滾天王「貓王」艾維斯‧普雷斯利＊唱歌。他兩手做出彈吉他的動作，嘴巴誇張的開合，同時抖腿扭屁股。全班同學笑得人仰馬翻，都快岔氣。老師回過頭來，剛好把藍儂逮個正著。

　　「約翰‧藍儂！」老師大吼。

　　「是的，先生！」藍儂心想，這下死定了。

　　「你破壞上課秩序，現在馬上給我滾出去！」老師說。

　　「是的，先生！」藍儂趕快收拾東西，快步

朝教室門口走去。才走沒幾步，又被老師叫住：
「約翰‧藍儂！」

「是的，先生！」藍儂說。

「下課後到校長室報到。」老師說。

「遵命，先生！」藍儂說。

學期結束後，藍儂把成績單拿給咪咪阿姨簽字。成績單上老師的評語讓咪咪阿姨差點昏倒：「這個學生絕對是在失敗的路上……已經無可救藥……班上的小丑……浪費其他學生的時間。」

＊艾維斯‧普雷斯利 (Elvis Presley)：出生於美國密西西比州的搖滾巨星，一般大眾都只叫他的名字艾維斯。他是白人，卻有非裔美國人的歌喉，音域寬廣，音色豐富多變，不但是個超凡的歌手，更是酷炫的性感偶像。在 1950 年代晚期和 1960 年代間，引領搖滾樂風騷，迷死無數女性聽眾，被大家譽為「搖滾樂之王」(King of Rock and Roll)，或尊他為「國王」(the King)。為什麼華人通常稱艾維斯為「貓王」？因為美國南方歌迷暱稱他為「山野音樂貓」(the Hillbilly Cat)。山野音樂 (Hillbilly) 為鄉村音樂的前身，而「貓」(Cat) 在美國南方俗語裡的意思是「懂音樂的酷傢伙」。我們把「山野音樂貓」和「國王」結合起來，就成為「貓王」。

03

口琴和吉他

　　藍儂和住在蘇格蘭愛丁堡的表哥很要好，三不五時就會坐長途巴士去找他玩。從利物浦到愛丁堡的長途巴士大概有四個多小時的車程，藍儂在車上坐得有點煩了，就會拿出口琴開始吹奏。

　　今天他坐在司機旁邊的位置。

　　過了一陣子，巴士司機轉過頭來，說：「小伙子，你吹的是什麼曲子，怎麼聽起來這麼熟？」

　　藍儂說：「艾維斯的〈心碎旅店〉＊，現在是排行榜第一名。」

　　司機說：「難怪。這幾天收音機和電視老是播這首曲子，聽得我耳朵都快起繭了。」

　　藍儂說：「喜歡這首歌嗎？」

　　司機搖搖頭：「一點都不喜歡，吵死人了。還

有你說那歌手叫什麼名字來著？」

「艾維斯。當紅的美國搖滾歌手，酷斃了！」藍儂說。

「我想起來了，在電視上看過他。頭髮抹油抹得油光滑亮，我看蒼蠅停上去都會跌死。襯衫不扣，露出胸膛。穿了一條緊身褲，唱起歌來不但兩條腿抖得像得了瘧疾，還扭屁股。根本就是個十足的小瘋三，酷什麼酷！」司機越說越激動。

藍儂有點惡作劇的笑著說：「嘿嘿，阿伯，你這話跟我說可以，可別對其他年輕人說啊。他們會認為你很老土。」

「哈哈哈！你根本就是拐彎抹角在罵我嘛。」司機倒不生氣，也笑著說：「也許我真的老了，這世界要交棒給你們年輕人了。」停

＊**心碎旅店 (Heartbreak hotel)**：這首歌居 1956 年美國排行榜冠軍，是艾維斯的首張冠軍單曲。可上網輸入關鍵字串 "elvis heartbreak hotel video" 來搜尋影音畫面，聆聽歌曲內容。

了一下，司機又説：「小伙子，我看你口琴吹得不錯，怎麼不用一把好點的口琴？」

藍儂現在這一把是姨丈（咪咪阿姨的丈夫）很久以前送的玩具口琴，不但聲音很單薄，而且不能升降半音。

「當然想啊，可是專業口琴太貴了，我買不起。」藍儂説。

司機説：「哈，你今天搭這班車算走運。幾個月前有位乘客將一把專業口琴忘在巴士上，我們把它放在巴士總站的失物招領處，但是一直沒人來領，我看他是不要了。等一下如果你跟我到總站，我可以把它送給你。」

「哇，太棒了，謝謝，謝謝！」藍儂非常興奮。

司機送藍儂的口琴音質很好，還有一個半音鈕，只要壓下去就能升半音。本來他只能吹寥寥幾首不需要升降半音的歌，現在有這把專業口琴，所有他喜歡的歌都能吹了。

　　幾年後，在披頭四發行的首張單曲〈真心愛我〉＊裡面，有藍儂很精彩的口琴獨奏。藍儂的口琴演奏成為早期披頭四音樂的特色，因為在那時候，很少有搖滾樂團使用口琴這個樂器。

　　藍儂十六歲生日那天，早早就到媽媽茱莉亞的公寓。茱莉亞看到藍儂的新口琴，眼睛都亮了起來：「哇，約翰，好漂亮的口琴。哪來的？」

　　藍儂說：「不久前一個巴士司機送我的。」

　　茱莉亞說：「太棒了。」她把生日蛋糕端出來，點上蠟燭，然後說：「約翰你吹口琴，我用斑鳩琴替你伴奏，我們來演奏〈祝你生日快樂〉。巴比（媽媽的現任老公）、茱莉亞、潔姬（媽媽和巴比的女兒們），你們可要大聲唱喔，特別是唱到『恰恰恰』的時候！」

　　巴比和兩個同母異父的妹妹茱莉亞、潔姬都很喜歡藍儂。每次藍儂到媽媽家玩，巴比會給藍儂零用錢，兩個妹妹則「約翰！約翰！」

叫個不停，纏著他說故事給她們聽。

聽到媽媽這麼說，兩個女孩子高興得跳起來，拍手大叫說：「耶！我們要唱有『恰恰恰』的生日快樂歌*！」於是藍儂吹口琴，媽媽彈斑鳩，巴比和兩個妹妹開始唱：

Happy Birthday to You, cha, cha, cha!
／祝你生日快樂，恰恰恰！
Happy Birthday to You, cha, cha, cha!
／祝你生日快樂，恰恰恰！
Happy Birthday Dear John
／祝親愛的約翰生日快樂

***真心愛我** (Love me do)：這首單曲於 1962 年在英國發行，進入英國排行榜第十七名；1964 年得到美國排行榜冠軍。可上網輸入關鍵字串 "beatles love me do video" 來搜尋影音畫面，聆聽歌曲內容。

*有「恰恰恰」的生日快樂歌：這種生日快樂歌跟一般我們在唱的音調幾乎一樣，但在第一、二、四行的尾巴加上「恰恰恰」，效果很棒，保證歡樂指數破表。下次你或朋友過生日，不妨試試看。如果想聽比較道地的拉丁版本，可上網輸入關鍵字串 "bob azzam happy birthday cha cha video" 來搜尋影音畫面，聆聽歌曲內容。

Happy Birthday to You, cha, cha, cha!
／祝你生日快樂，恰恰恰！

媽媽一面彈斑鳩琴，一面帶著大家跳恰恰，兩個女孩子唱到「恰恰恰」時更是大聲鬼叫，喉嚨都快吼破了。

唱完生日快樂歌，媽媽說：「約翰，閉上眼睛，許個願，然後把蠟燭吹熄。」藍儂照做了，巴比開始切蛋糕。

媽媽問藍儂：「你剛剛許的什麼願？」

藍儂說：「極機密，才不告訴妳！」

媽媽用手肘頂了藍儂一下，說：「講嘛，別害羞嘛，說不定會願望成真呢！」

藍儂躊躇了一會兒，終於有點不好意思的說：「我希望將來能當個著名的搖滾歌手。」

媽媽把藍儂緊緊抱住，說：「寶貝，你會的！你有音樂天賦，一定會成名的。」然後媽媽把手鬆開，眼睛盯著藍儂，嘴角帶著神祕的微笑，說：

「現在你把眼睛閉起來，我要給你一個驚喜。」

藍儂說：「什麼驚喜？」

媽媽學藍儂剛才的口氣：「極機密，才不告訴你！」

藍儂哈哈大笑，乖乖把眼睛閉起來。媽媽從房間裡拿出禮物放在藍儂面前，說：「現在眼睛可以張開了。」

藍儂打開眼睛，看到一把嶄新的吉他，琴頸上還綁了一個漂亮的紅色蝴蝶結。

藍儂大叫一聲：「哇！好漂亮！妳怎麼知道我正想要一把吉他！」他抱住媽媽猛親，不停的說：「謝謝媽媽！謝謝媽媽！這真是太棒了！現在我可以組樂團了！」

媽媽說：「組團很好啊，以後你的團可以來我這裡練習。你知道怎麼彈吉他嗎？」

藍儂說：「不知道。但是我猜和彈斑鳩琴有點類似。」

　　媽媽說：「答對了，未來的搖滾天王！我不是教過你彈斑鳩琴嗎？彈吉他和彈斑鳩琴一樣，也是左手按絃，右手彈絃，只是左手的指法不一樣。」媽媽拿起吉他，示範左手的指法給藍儂看：「喏，你看，這是 C 大調和絃的位置，這是 F 大調和絃的位置，這是 G 大調和絃的位置。」每講到一個和絃，她就左手按絃，用右手彈出那個和絃的聲音。

　　媽媽說：「你試試看。」

　　藍儂很快就學會了這三個重要的和絃。

　　媽媽說：「我這裡有一本吉他譜，你拿回去好好練習。等練熟了，我們來試試斑鳩琴和吉他的二重奏*。」

　　藍儂拿著新吉他興沖沖回到咪咪阿姨家，迫不及待的在房間練習起來。才彈不到幾分鐘，咪

＊斑鳩琴和吉他的二重奏：電影《激流四勇士》(Deliverance) 裡面有一段非常精彩的斑鳩琴和吉他的二重奏。可上網輸入關鍵字串 "dueling banjos deliverance video" 來搜尋影音畫面，聆聽歌曲內容。

咪阿姨就來敲門，一眼看到新吉他，說：「媽媽送的，對不對？」

藍儂說：「是的。」

咪咪說：「彈吉他很好，可是你沒辦法靠它賺錢過活。」說著拿出一份包得工工整整的禮物遞給藍儂，說：「生日快樂，約翰！」

藍儂接過來，說：「謝謝咪咪阿姨。」打開一看，是一套《莎士比亞四大悲劇》。

咪咪阿姨接著說：「還有，以後要練吉他，請到門外的走廊。」

藍儂嘻皮笑臉的說：「阿姨，妳不喜歡音樂

嗎？德國哲學家尼采不是說，沒有音樂的人生是個錯誤嗎？我每天彈吉他給妳聽，妳的人生就滿分了，嘻嘻。」

咪咪阿姨一點都不覺得好玩，板著臉說：「藍儂先生，可惜你彈的不是音樂，而是噪音。」

藍儂只好乖乖的拿著吉他和一把椅子，坐在門外的走廊練習。他有點難過。音樂是他的最愛，也是他和媽媽的共同興趣。媽媽了解他，鼓勵他走音樂的路，卻不希望和他住在一起；相反的，咪咪阿姨希望他住在她家，她用嚴格的方式愛他，卻一點也不了解他，也不鼓勵他玩音樂。

媽媽不要走

　　1950 年代，融合了爵士、藍調、民謠的死雞活樂風在英國流行，藍儂也組了一個叫採石者的死雞活樂團，團名來自學校的名字採石河岸高中，團員都是他的高中同學，包括他的報紙《每日一嚎》每天第一位讀者——死黨彼特。

　　死雞活興起於 1920 年代的美國，後來沒落。但是不知道為什麼，1950 年代又在大西洋彼岸的英國捲土重來，而且大紅大紫。這種音樂很簡單，一首歌大概只需要用到三、四種不同的和絃，所以演奏起來並不難。它所用的樂器更是陽春：一兩把吉他，加上一個洗衣板當打擊樂器＊，和一隻茶葉箱做成的貝斯＊，就成了個樂團。

　　咪咪當然不允許採石者到家裡練團，採石者

便常去藍儂的媽媽茱莉亞家練習。他們怕練團的樂聲干擾鄰居，一群人就關在浴室裡練習，一練就是好幾個小時，認真極了。有時茱莉亞會加入，敲打洗衣板助陣。

但是，其實彼特並不喜歡玩樂團，他完全是被藍儂死拖活拉才加入採石者。因為他不會彈吉他，所以在團裡負責「演奏」洗衣板。

有一天，他實在被洗衣板哆哆哆哆哆──嘎啦嘎啦嘎啦的聲音吵得煩死了，就把洗衣板往地上一丟，對著團長藍儂大吼：「老子不幹了！」

藍儂大怒，撿起洗衣板，往彼特頭上砸下去，把洗衣板都砸破了，還對著彼特大罵：「他×的，

＊演奏洗衣板：打擊時手指要戴頂針才不會受傷，聲音也比較響亮。可上網輸入關鍵字串 "play washboard video" 來搜尋影音畫面，觀賞演奏方式。

＊茶葉箱做成的貝斯：茶葉箱是運送茶葉的容器，因體積大，可以當作貝斯的共鳴箱。在箱底旁邊鑽個大洞，插上一根掃帚的把柄當作貝斯的琴頸；再在箱底中間鑽個小洞插入細繩，細繩的另一端綁在掃帚把柄的頂端作為琴絃，一隻茶葉箱貝斯就完成了。可上網輸入關鍵字串 "play tea chest bass video" 來搜尋影音畫面，觀賞演奏方式。

不幹就滾蛋！」

　　1957 年 7 月 6 日利物浦郊區的聖彼得教堂舉行節慶活動，採石者受邀在戶外表演，聽眾裡面有一位比藍儂小兩歲的年輕人保羅・麥卡尼。保羅非常欣賞藍儂的演奏，等採石者表演結束下臺，就去自我介紹。

　　「嗨！我叫保羅・麥卡尼。你們的表演酷斃了，我很喜歡。」保羅對藍儂說。

　　「謝謝。」藍儂說。他接著問：「你玩樂器嗎？」

　　「我彈吉他。」保羅說。

　　「要不要試試看？」藍儂說著把自己的吉他拿給保羅。

　　保羅拿著吉他，自彈自唱了好幾首曲子。唱完後，藍儂用力拍手，說：「哇，很讚！頗有艾維斯的架勢。」

　　保羅說：「謝啦。艾維斯正是我的偶像。」

　　藍儂說：「他也是我的偶像。」藍儂想了一

下，說：「嘿，要不要加入我們的
樂團？」

　　保羅很高興，說：「好啊，
太棒了。謝謝。」

　　藍儂和保羅的相遇是歷史
性的一刻。採石者後來改名為
披頭四，在披頭四時期，他們合作創出許多流傳
至今的經典歌曲。

　　1958 年初，保羅把他的朋友喬治‧哈里森介
紹給藍儂，希望讓喬治也加入採石者。喬治會彈
吉他，藍儂叫他試彈幾首曲子，覺得還不錯。但
是喬治小藍儂三歲，藍儂覺得喬治實在太年輕
了，還不適合玩團。

　　保羅很挺喬治，成天在藍儂耳邊嘀嘀咕咕，
說喬治雖然年輕，可是吉他彈得非常厲害，讓他
加入會成為採石者的生力軍。這樣磨了一個月，
藍儂拗不過保羅，只好說：「好吧，再給喬治一個
機會試試看。叫他明天下午五點，帶著吉他，在

我學校前面的巴士站會面。」

第二天下午，藍儂、喬治、保羅三人搭上雙層巴士，他們走到沒什麼乘客的上層，藍儂對著喬治說：「保羅一直誇你的吉他彈得有多厲害，說得好像你有三頭六臂。秀給我們看看吧。」

喬治彈了那時正流行的美國搖滾器樂曲〈色瞇瞇〉＊。彈完後，藍儂非常滿意，握住喬治的手說：「歡迎加入採石者！」於是，因為這一首曲子，披頭四有了第三位團員。

我們熟知的披頭四第四位團員——鼓手林哥‧斯塔要待會兒才出場。1994 年，披頭四團員重聚，來了保羅、喬治、林哥，藍儂因故缺席（你讀到書的後面就會知道原因）。他們演奏了三十六年前喬治在巴士上的入團考試曲目〈色瞇瞇〉，向往日的時光致敬。

＊色瞇瞇 (Raunchy)：為 1957 年美國排行榜冠軍的純演奏曲（沒有人聲）。可上網輸入關鍵字串 "raunchy (1957) video" 來搜尋影音畫面，聆聽歌曲內容。

　　1958 年 7 月 15 日晚上，採石者的茶葉箱貝斯手耐吉‧衛理到咪咪家找藍儂，看到藍儂的媽媽茱莉亞和阿姨咪咪站在房子的大門口聊天。茱莉亞和咪咪雖然個性和興趣不同，但兩姐妹的感情卻不錯，茱莉亞幾乎每天都會來看咪咪。

　　耐吉打招呼說：「嗨，咪咪阿姨，茱莉亞阿姨！」

　　咪咪和茱莉亞說：「嗨，耐吉！」

　　耐吉說：「約翰在家嗎？」

　　茱莉亞說：「他不在這兒，在我家。我正要去巴士站搭車回家，你要不要和我一起回去找他？」

　　耐吉說：「謝謝，有點晚了，所以就不去妳家了。不過我可以陪妳走到巴士站。」

　　兩人一路走，茱莉亞一路笑瞇瞇的故意虧他：「這麼晚了還來找約翰，一定是討論功課、準備挑燈夜戰囉？」

　　耐吉說：「當然不是，茱莉亞阿姨。妳知道約翰和我對功課沒多大興趣。」

茉莉亞說：「那麼就是關於女孩子的事囉？聽約翰說你有不少粉絲，還有人寫火辣辣的仰慕信給你。不是嗎？」

耐吉有點不好意思，說：「沒有啦，約翰的粉絲才多呢。」

茉莉亞緊咬不放：「還沒有呢，前兩天不是有個女孩子寫信給你說：『親愛的耐吉，你在臺上彈茶葉箱貝斯的樣子帥呆了，我整晚睡不著，腦海裡都是你迷人的身影……』」

耐吉知道是藍儂向他媽媽洩的密，又羞又氣，恨得牙癢癢的說：「死約翰這抓耙子，看我明天把他打得滿地找牙！」

茉莉亞哈哈大笑說：「年輕人談戀愛是天經地義的事，不要害羞啦！」

他們走到一個路口，茉莉亞說：「我要過馬路到對面搭車了。」

耐吉說：「阿姨，我陪妳過馬路。」

　　茱莉亞手一揮，瀟灑的說：「不必啦，耐吉，我又不是老太婆。謝謝，晚安！」

　　耐吉說：「晚安！」

　　耐吉往左朝回家的路上走，茱莉亞開始過馬路。五秒鐘後耐吉聽到「砰！」的一聲巨響，他回頭一看，茱莉亞被一輛車子撞飛在空中，飛了30公尺才落地，當場死亡。

　　肇事者是個酒駕的下班警察，剛學開車，誤把油門當剎車。除了被警察局記一支警告和暫時停職外，沒受到法律的任何處罰。咪咪非常生氣，完全不能接受這樣的判決，在法庭上對著他大吼：「謀殺犯！」

　　藍儂既傷心又憤怒，在事情發生後的兩年內不斷的酗酒和打架，發洩內心狂暴的情緒。他覺得在一生當中他失去過媽媽兩次：一次是當他搬去和咪咪阿姨同住的時候，另外一次就是媽媽的死亡。

　　茱莉亞的死，造成藍儂心靈上永遠的創傷。

多年後他寫了三首歌紀念媽
媽：第一首是在第一章提到
的 〈母親〉；第二首是寫於
1970 年的哀歌 〈我的媽咪死
了〉*，曲調借用英國童謠〈三隻瞎老鼠〉；第三
首寫於 1968 年，是一首非常詩意的 〈茱莉
亞〉*。它聽起來既像情歌又像搖籃曲，在木吉
他素樸的伴奏下， 藍儂溫柔的唱出對媽媽的呼
喚：

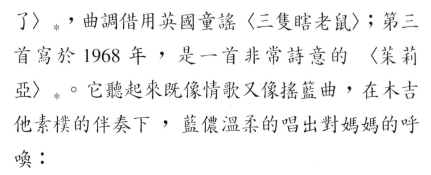

Half of what I say is meaningless

／我說的話有一半都沒意義

But I say it just to reach you

---

*我的媽咪死了 (My mummy's dead)：除了旋律套用英國童謠 〈三隻瞎老
　鼠〉之外，歌詞則是藍儂模仿日本俳句的創作。為不到一分鐘的短歌。
　可上網輸入關鍵字串 "lennon my mummy's dead video" 來搜尋影音畫
　面，聆聽歌曲內容。

*茱莉亞 (Julia)：藍儂自彈自唱，送給媽媽的情歌。可上網輸入關鍵字串
　"lennon julia video" 來搜尋影音畫面，聆聽歌曲內容。

／為了親近妳我還是說了

Julia

／茉莉亞

Julia

／茉莉亞

Julia

／茉莉亞

Oceanchild

／海洋的子女

Calls me

／呼喚我

So I sing a song of love

／所以我唱了一首愛之歌

Julia

／茉莉亞

Julia

／茉莉亞

Seashell eyes

／貝殼眼睛

Windy smile

／如風的微笑

Calls me

／呼喚我

So I sing a song of love

／所以我唱了一首愛之歌

Julia

／茱莉亞

……

　　辛西亞・鮑爾從小就是個乖乖牌的好學生，中學時她特別喜歡繪畫課，夢想將來能當美術老師。1957 年滿十八歲時，她如願進入利物浦藝術學院，朝夢想又跨進一步。每天，她把上課要用的鉛筆削尖，穿著最好的上衣和時髦的天鵝絨長褲準時到校，上課時專心聽講，下課就趕火車回家。

　　大二時的第一堂書法課有個小混混走進教室。那小子的髮型像鵝屁股，髮油塗得超厚，褲管窄得快爆開，披了一件破舊的外套，雙手插在外套口袋，走路一搖三晃，眼睛朝天，跩得要死。他走到辛西亞後面坐下，拍拍她的背，做了一個鬼臉，說：「嗨，我是約翰。」

辛西亞被他逗笑了，小聲說：「我是辛西亞。」

那時已經開始上課，老師對他們皺眉頭，兩人趕快閉嘴。過了不到一分鐘，他又拍她肩膀。

「幹嘛？」她很緊張，怕挨老師罵。

「借我一支鉛筆，和一支畫筆。」藍儂說。

老師發現了，用很嚴厲的口氣說：「藍儂先生、鮑爾小姐，上課保持安靜！」

兩人嚇得不敢出聲。過了一陣子，等老師不注意了，辛西亞才把鉛筆和畫筆偷偷遞給藍儂。

辛西亞覺得奇怪，書法課是很繁重的課，這個連用具都不帶的不良少年，怎麼會來選這門課自討苦吃？她後來才知道，藍儂喜歡在上課時搗蛋，被其他的老師踢出來，現在除了書法課的老師以外，再也沒有別的老師願意收留他，為了讓

學分達到修業門檻，學校強迫他一定要修這門課。

　　說到擾亂上課秩序，他最轟動校園的「精彩演出」發生在人體寫生課。

　　那天上課時，一位裸體模特兒坐在教室前面，學生們都很安靜，站在各自的畫架前作畫，老師穿梭在學生之間指導。過了一會兒，老師有事離開教室，藍儂看到天賜良機，馬上在教室後面發出一聲輕微的「嘻嘻」。同學都很專心畫素描，沒人理他。一分鐘後，藍儂發出一聲更響的「嘻嘻」，但是大家努力裝作沒事，繼續畫畫。再過一分鐘，藍儂看還是沒人理他，開始肆無忌憚「嘻嘻！哈哈！哇哇哇！霍霍霍霍霍！」大笑特笑。全班同學，包括裸體模特兒，都被他逗得笑成一團。趁著兵荒馬亂的時候，藍儂一個箭步竄到教室前面，不但一屁股坐到裸體模特兒腿上，還裝出很色的樣子和她調情。全班樂歪了，狂笑得像是一間瘋人院。這時有人眼尖看到老師在走廊遠端出現，趕快大吼一聲：「老師回來了！」大

家馬上噤聲，藍儂也連忙跑回自己的位置。

老師遠遠的好像聽到教室裡傳來笑聲，但是走進教室卻沒什麼異樣，同學都在努力作畫，連那個搗蛋鬼藍儂也躲在教室後面一角，畫得像真的一樣。

下課時，大家把作品交給老師。每個人畫的模特兒感覺都不一樣：有人把模特兒的裸體畫得青春洋溢，有人畫得溫暖柔和，有人則畫得風騷熱情。輪到藍儂交稿時，老師差點昏倒。

「藍儂先生，你這畫的是什麼？」老師問他。

「手表。」藍儂笑嘻嘻的說。

「為什麼畫手表？」老師又問。

「因為那是模特兒身上唯一『穿著衣服』的部位。其他同學畫她沒穿衣服的部分，我畫她穿衣服的部位。」

藍儂認為自己很有創意、很幽默，但是嚴肅拘謹的老師可笑不出來。就這樣，藍儂被逐出人體寫生課。

雖然幾乎沒課可上，都快被退學了，藍儂在書法課照樣吊兒郎當，每天上課還是跟辛西亞借鉛筆和畫筆，借了照樣不做功課。上課時他通常忙著畫老師和同學的「素描」，他把他們一個一個畫得齜牙咧嘴，醜爆了，可是又很傳神。他會把這些傑作在班上傳閱，讓同學笑得東倒西歪，老師氣得直跳腳。

下課時他就油嘴滑舌調侃辛西亞，說一些像「鮑爾小姐，妳這衣服好端莊、好水喔！」或是「淑女小姐，妳講話的口音好高級喔！」這種沒營養的話。辛西亞認識的男孩子，一向都是規規矩矩、斯文有禮的小紳士，哪碰過這種厚臉皮的痞子？

頭一次被藍儂取笑，辛西亞羞死了，紅著臉衝出教室，心中暗罵：「真是個沒教養的男生！」

可是隨著學期的進行，她的心裡卻慢慢的有一些變化。她從小循規蹈矩、服從權威，渴望得到別人的肯定和讚美。但是不知道為什麼，藍儂在課堂上那種衝撞權威，不管別人眼光，天塌下來都不怕的叛逆言行，卻對她產生奇特的吸引力。還有，他老是調侃她，是不是因為他有點喜歡她？男孩子好像都有這種毛病——上幼稚園時不是有個小男孩，老是扯她的辮子，還對她扔小石子？長大後那小子才對她承認，那時其實是在暗戀她。

學期過了一半，她開始期待書法課的到來，每次都匆匆忙忙趕到教室，急切搜尋藍儂的身影。如果哪天他蹺課，她就覺得若有所失，上課時整個人都沒精神。

藍儂常常背一把吉他上學。有一天下課，同學都走光了，辛西亞正在收拾東西準備回家，藍儂突然拿出吉他走到她旁邊，說：「鮑爾小姐，讓

我為妳唱一首歌。」說著就一面彈吉他一面唱起
當時很流行的〈她很甜，不是嗎？〉*：

Oh ain't she sweet,

／喔，她很甜，不是嗎？

When you see her walking down the street.

／當你看她走在街上。

Yes I ask you very confidentially:

／我偷偷的問你：

Ain't she sweet?

／她很甜，不是嗎？

……

藍儂唱歌時眼睛直盯著辛西亞，表情變得好
溫柔，完全沒有平常那種桀驁不馴的死樣子。辛
西亞羞死了，沒等他唱完就狼狽逃出教室。「他在

---

*她很甜不是嗎 (Ain't She Sweet)：作曲者為密爾頓・艾格，這是他為女兒
所寫的曲子，流行於 20 世紀中期。可上網輸入關鍵字串 "ain't she
sweet" 或 "beatles ain't she sweet video" 來搜尋影音畫面，聆聽歌曲內容。

向我告白嗎？」辛西亞問自己。

　　學期快結束時，班上利用午餐時間在教室舉行派對。同學把課桌椅推到一旁，上面堆滿食物和飲料，唱機播放流行的熱門音樂，班上的幾對情侶躲在角落卿卿我我。

　　藍儂走進來，辛西亞的臉開始發燙，胃一陣絞痛，她假裝沒看見，但是藍儂朝她直直走來，說：「想不想站起來？」辛西亞又害羞又開心，幾乎從椅子上跳起來，紅著臉和他跳舞。

　　唱機正在播放查克·貝瑞當時紅得發紫的〈強尼·古德〉＊，生猛的節奏讓辛西亞跳得一身大汗。音樂好大聲，耳朵都快聾掉，她突然看到藍儂的嘴巴一開一合，斷斷續續好像聽到他說：「要……我……？」

　　辛西亞對他大喊：「你說什麼？」

＊強尼·古德 (Johnny B. Goode)：搖滾歌手查克·貝瑞在 1958 年所創作和演唱的熱門曲子，曾經進入排行榜第二名。可上網輸入關鍵字串 "johnny b goode video" 來搜尋影音畫面，聆聽歌曲內容。

　　藍儂把嘴巴湊近她的耳朵大吼：「要不要和我約會？」

　　辛西亞一聽差點休克，一時慌張居然回答：「對不起，我要和人家訂婚了。」

　　藍儂馬上變臉，停止跳舞，臉色鐵青，凶巴巴的吼說：「只是個約會，我又不是要妳他╳的嫁給我！」說完，氣呼呼的掉頭走人。

　　辛西亞心想這下搞砸了，真想狠狠踢自己幾腳。沒想到過了一陣子，藍儂又走過來，氣好像消了，對著她和她旁邊的朋友說：「嘿，我們要到酒吧喝幾杯，要不要一起來？」辛西亞心裡一塊石頭才落地。

　　到了酒吧，藍儂卻跑去和他的一大票損友聊天，把辛西亞和她的朋友晾在一邊。她喝了幾杯啤酒，有點站不穩，朋友已經先走，她也該去趕火車了。她很失望，藍儂都沒

過來找她說話。

就在她起身離開快走到門口時，藍儂發現了，叫住她：「嘿，鮑爾小姐，妳要去哪裡？」

「趕火車回家。」她說。

「拜託，這麼早就要回家，不要乖得像個修女好不好？」藍儂說著拉住她的手：「來，陪我再喝幾杯嘛。」

藍儂說什麼，辛西亞就做什麼。於是兩人又喝了幾杯啤酒，接著藍儂在她耳邊輕聲說：「我們走吧。」

從酒吧出來，天已經暗了，街上空盪盪，沒車也沒行人。藍儂迫不及待吻了辛西亞，她無限嬌羞，躲在藍儂的懷裡。

「嘿，妳倒說說看，那訂婚是怎麼回事？」藍儂問道。

「其實我們已經解除婚約了，我也不知道當時為什麼要那樣回答你。」辛西亞說。

藍儂看著辛西亞的眼睛，微笑著說：「太好

了，那麼從現在開始，妳可以天天和我約會囉？」

　　辛西亞覺得無比幸福，調皮的回答：「遵命，大人！」

　　藍儂低頭又吻了她。

　　藍儂是個熱情如火的情人，常寫一些肉麻兮兮的情書給辛西亞，像「親愛的辛，我愛妳我愛妳我愛妳（如此重複七次以後……）我我我我愛妳我發瘋的愛妳我真的愛妳……我愛妳辛西亞辛辛辛辛辛辛辛被約翰約翰約翰約翰約翰所愛我愛妳。」就情書而言，實在沒什麼創意，不過誠意倒是十足啦。

　　但是這傢伙也是個特大號的醋罈子，一看到辛西亞和別的男生說話，就醋勁大發。

　　有一次在一場舞會裡，辛西亞和一個他們共同的朋友跳舞，藍儂當場發飆，辛西亞嚇得趕快停止舞步，再三向藍儂保證她心

如明月，愛的只有他一人。藍儂當下似乎接受辛西亞的解釋，沒想到第二天還是打了她一巴掌。辛西亞氣炸了，決定和這個大男人主義的爛傢伙絕交，有整整三個月都不理他。後來藍儂終於打電話道歉，央求辛西亞回到他身邊。辛西亞一開始有點猶豫，最後還是答應了。

　　他們在 1962 年結婚，隔年生下一個男孩，取名朱利安。

06

蹲馬步

　　到了 1960 年，藍儂樂團的曲風從演奏死雞活轉型為搖滾樂，他想為樂團取個新名字以符合新樂風。他喜歡當時流行的蟋蟀搖滾樂團，於是把腦筋動到昆蟲頭上。起先他想到同樣是昆蟲的「甲蟲」(Beetles) 這個字，再稍微玩一下文字遊戲，可以把拼法改成 "Beatles"。這個他自創的字很有意思，如果把它前後半部對調，就成為 "les beat"，正是法文「節拍」的意思，用來當樂團的名字很適合，於是披頭四 (Beatles) 誕生了。只是當時誰也沒想到，這個「不良少年」所組成的窮酸樂團，在未來十年會變成「轟動武林，驚動萬教」的天團。

　　一開始披頭四沒什麼名氣，只好在利物浦的

一些小舞廳和小俱樂部演出，偶爾開貨車到偏僻的鄉下巡演，賺些微薄的酬勞。1960年8月，利物浦一家夜店的老闆介紹披頭四到德國漢堡演出六週，那時的披頭四其實有五個人：藍儂、保羅、喬治、史都華・薩克里夫、彼特・貝斯特。

史都華是藍儂在利物浦藝術學院的朋友，擔任樂團的貝斯手，他就是和辛西亞跳舞，害她挨藍儂一巴掌的那個傢伙；貝斯特則是喬治的高中同學，擔任樂團鼓手。

到了漢堡，他們被安排住在一家電影院裡面，用廢棄的更衣室充當臥房。因為沒有浴室，洗澡要到電影院裡面骯髒的廁所。女生廁所比較乾淨，他們會偷溜進去，但是每次都被發現，連踢帶罵被趕出來。他們每天要表演到深夜才結束，晚上累得半死回來睡行軍床，蓋舊毛毯，一大早又被早場的電影吵醒。

演出場所很小，位於漢堡的風化區，上半場的節目通常是脫衣舞，觀眾根本不歡迎一群穿著

邋邋遢遢的外國小子上臺，也不想聽什麼鬼音樂，常常在他們表演時對他們大吼：「滾回利物浦去！我們要看脫衣舞！」罵完後紛紛離開，一點也不給他們面子。

為了討觀眾歡心，披頭四只好賣命演出。他們在臺上用力踩踏地板發出「砰！砰！砰！砰！」的強力節拍，藍儂更是又唱又跳，一會兒在地上打滾，一會兒跳得半天高。以前在利物浦的表演都是一場一個小時，現在一唱就是七、八個鐘頭沒停過。表演的時間實在太長，他們只好一面唱歌，一面吃東西、喝飲料以補充體力和提神。

披頭四的努力沒有白費，慢慢的他們闖出名號，臺下觀眾也從以前的小貓兩隻三隻，變成天天爆滿，夜店的打烊時間，因而從原來的半夜十二點半延長到凌晨二點。觀眾大多是青少年，他們很 high，會跟著歌手大聲唱歌。有時啤酒喝多了，還會打架、互相丟椅子，或者像猴子那樣攀在吊燈上搖來晃去。披頭四一點都不介意，不管

臺下是如何天翻地覆，他們都當作是觀眾的「共鳴」，照樣老神在在，彈琴打鼓唱歌。

　　1961 年初，在他們第二次到漢堡演出時，史都華決定離開樂團留在德國發展，保羅接替他原來貝斯手的角色。沒想到史都華不久就因病去世，得年才二十二歲。幾年後藍儂寫了一首很感人的歌〈在我一生〉﹡，歌詞說：

……

All these places had their moments
／在這些地方的時光
With lovers and friends, I still can recall
／伴同情人和朋友，我仍然記得
Some are dead and some are living
／有些走了有些在世

﹡**在我一生 (In my life)**：這首歌中間有披頭四唱片製作人喬治・馬丁，用鋼琴彈奏一小段他自己創作的巴哈風格音樂，非常好聽。可上網輸入關鍵字串 "lennon in my life video" 來搜尋影音畫面，聆聽歌曲內容。

In my life, I've loved them all

／在我一生，都是至愛

……

歌詞中「走了」的朋友就是
史都華，而「在世」的朋友說的
是沙頓，那個被藍儂拿洗衣板從
頭上砸下去的倒霉鬼（第四章）。

披頭四在兩年內到漢堡演出五次，雖
然很辛苦，但是就像學武的人入門時，要先學會
「蹲馬步」練基本功，經過漢堡的這些磨練，他
們的作曲和演奏能力進步飛快，臺風更為穩健，
也很會和觀眾互動，懂得掌握他們的情緒，因此
在利物浦變得很有名氣。

但是藍儂並不滿足，他希望披頭四有一天能
走出家鄉，紅遍全英國，甚至全世界。藍儂不知
道的是，有這麼一個人，遠在天邊，近在眼前，
很快就會幫助他，圓他的夢。

07
披頭瘋和英倫入侵

　　1961 年底披頭四在漢堡時，幫一個搖滾歌手東尼‧薛瑞登當伴奏樂團，錄了一首老掉牙的歌曲〈我的邦妮〉。唱片出來後賣得並不好，在英國幾乎沒人知道有這張唱片。

　　有一天居然有人走進利物浦最大的唱片行 NEMS，問老闆：「有沒有披頭四在德國發行的〈我的邦妮〉？」

　　唱片行老闆布萊恩‧艾普斯坦很專業，對市面上的唱片瞭若指掌，卻從來沒聽過這個名不見經傳的樂團。

　　過了幾天，又有兩個客人來找同一張唱片。布萊恩很訝異，他對業界流行的趨勢一向很留意，沒想到有這麼夯的唱片，而自己居然不知道！

於是問客人：「德國這個披頭四樂團到底多屬害，最近常有人來找他們的唱片？」

客人說：「喔，他們唱得可真好，你去聽聽就知道。唱片是在德國發行沒錯，但披頭四並不是德國的樂團。事實上，他們是利物浦本地的樂團，每天都在洞穴俱樂部演出。」

布萊恩驚得下巴差點掉下來。城裡有這麼紅的樂團，自己竟然不曉得！他很好奇，決定去洞穴俱樂部看個究竟，如果他們唱得的確不錯，那麼店裡就應該多擺他們的唱片。

他看的是午餐時段的表演，俱樂部裡面滿坑滿谷擠滿了年輕人，又吵又髒又潮溼。他穿了一身西裝，站在場地的後面，顯得非常突兀。

當披頭四一出場，他立刻被迷住了。他喜歡他們的音樂和充滿活力的演出，而他們幽默的言談更是把底下的年輕人逗得樂不可支。布

萊恩後來又去洞穴俱樂部看了
幾次，越看越喜歡，覺得這四
個年輕人是可造之材。於是他
找上他們，毛遂自薦，希望當

他們的樂團經理，替他們爭取唱片合約。
披頭四知道布萊恩在唱片業人脈很廣，馬上答應
了。

　　大家在布萊恩的辦公室要簽約之前，布萊恩
故意裝作一派輕鬆的問披頭四：「你們想不想有
一天揚名國際？還是只要在利物浦的俱樂部唱唱
就滿足了？」

　　藍儂很不耐煩的說：「廢話嘛！你這不是明知
故問嗎？我們當然希望能在全世界大紅大紫啊，
不然找你來當經理幹什麼？」

　　布萊恩笑笑說：「很好，我會負責幫你們爭取
唱片合約，把你們捧紅，可是你們有些事一定要
聽我的。」

　　大家都點頭同意。

「你們的歌聲很棒，不過——」布萊恩停頓一下，故意製造懸疑效果。

「不過怎樣？」藍儂問。

布萊恩說：「不過如果你們想跨出利物浦，成為國際巨星，你們在臺上的形象需要改善。」

藍儂說：「說吧，你要我們怎麼做？」

「第一，表演時不可以吃喝東西。」

「沒問題！」四個人一口答應。

「第二，表演時不可以罵髒話，彼此打來打去，或背向觀眾。」

「沒問題！」

「第三，演出最長一小時，不要像在漢堡那樣一唱就七、八個鐘頭。而且，每場演出的曲目要事先排定，表演時把每一條歌好好唱完，不要隨便抓一首歌就唱，或者唱到一半覺得不爽就不唱，改唱另外一首歌。」

「OK！」

「第四，從現在開始，表演時不要再穿皮夾

克，牛仔褲，要改穿西裝。」

藍儂這下可不依了：「這太扯了吧，唱歌唱得好不好，跟穿什麼樣的衣服有什麼關係？」

保羅說：「我倒覺得布萊恩說得有道理，穿上西裝會顯得比較專業。」

其他人也都同意保羅的看法。藍儂想了一下，只好心不甘情不願的說：「好吧，穿西裝就穿西裝吧。只要有人願意付錢，我穿氣球都行。」即使如此，表演的時候，藍儂還是故意把領帶打歪，或不扣襯衫的第一個釦子，做無言的抗議，表示「老子可不是那麼容易就被你們馴服」。

從此以後，披頭四在舞臺上的造型從叛逆小子轉變成陽光少年。對於穿西裝上臺，藍儂雖然表面上發牢騷，心裡其實很清楚布萊恩是真心為他們好。他們兩人後來變成很要好的朋友，常常在一起商討樂團的走向。

　　1962 年 8 月，林哥取代貝斯特鼓手的位置，我們熟知的披頭四成員：藍儂、保羅、喬治、林哥，至此終於全部到齊。

　　布萊恩運用他在業界的人脈，非常積極替披頭四爭取出唱片的機會，時常往倫敦跑，接洽唱片公司。1962 年 9 月他們終於發行首張單曲唱片〈真心愛我〉。這張唱片一開始表現並不是很好，可是後來它慢慢爬上英國排行榜第十七名。

　　1963 年 1 月他們發行第二張單曲唱片〈請取悅我〉＊。這張唱片大為轟動，一舉拿下排行榜冠軍，披頭四也開始整年度密集的行程。電視臺、電臺、報紙的訪問不斷，把他們的聲勢推向高峰。他們到全國各地巡演，在一個地方表演完就馬上趕到下個城鎮，有時一天之內要在好幾個不同的地點演出。

　　緊接著，第三張單曲〈我獻給妳〉＊和第四張單曲〈她愛你〉＊也都得到排行榜冠軍。

　　〈她愛你〉更是特別，未發行前在英國光預

售就賣出五十萬張，唱片出來後更是狂賣。歌曲從頭到尾穿插的「耶，耶，耶」成了它的招牌，全英國的年輕人都在「耶，耶，耶」。披頭四日後常常戲稱，就是這張單曲把他們推上「最最最流行、最最最頂尖」的天團寶座。這張唱片成為披頭四在英國銷路最好的單曲唱片，到 2012 年為止，總共在英國賣了一百九十萬張。

1963 年 10 月 13 日，就在〈她愛你〉這張唱片高踞排行榜，披頭四的狂潮淹沒英國的時候，他們上電視綜藝節目《週日晚間倫敦守護神劇院》演出，這是在守護神劇院現場直播的節目，當天晚上吸引了一千五百萬名觀眾守在電視機前，現

＊**請取悅我 (Please please me)**：披頭四發行的第二張單曲唱片裡面的主打歌，為 1963 年 2 月英國排行榜冠軍。可上網輸入關鍵字串 "beatles please please me video" 來搜尋影音畫面，聆聽歌曲內容。

＊**我獻給妳 (From me to you)**：1963 年 5 月英國排行榜冠軍。可上網輸入關鍵字串 "beatles from me to you video" 來搜尋影音畫面，聆聽歌曲內容。

＊**她愛你 (She loves you)**：1963 年 9 月英國排行榜冠軍。可上網輸入關鍵字串 "beatles she loves you video" 來搜尋影音畫面，聆聽歌曲內容。

場劇院內更充滿尖叫的觀眾，有人因為太激動而昏倒，披頭四收到的禮物和賀電，多到簡直可以堵住舞臺入口，劇院外圍滿了追星的人群。

這次的演出在第二天上了全國報紙頭版，《每日鏡報》把歌迷那種為披頭四尖叫、歇斯底里的行為取了一個很貼切，而且流傳到今天的新詞：「披頭瘋」(Beatlemania)。

10 月底，披頭四到瑞典演出五天，回國時正值倫敦傾盆大雨，但是一大群歌迷，加上百來個新聞記者和英國廣播公司 (BBC) 電視攝影團隊還是擠爆希斯若機場。披頭四下飛機時，當年的世界小姐剛好也在機場，媒體記者和民眾居然沒有一個人理她，連碰巧在附近的英國首相座車也因為人潮太擠而受困。機場秩序大亂，飛機的起飛降落都延誤。美國著名

電視綜藝秀《蘇利文劇場》主持人艾得‧蘇利文準備搭機回美，他的班機起飛時間也因此被耽擱，當人家告訴他原因時，他還一臉無辜的問道：「披頭四到底是何方神聖？」

蘇利文沒想到的是，不久之後同樣瘋狂的機場場景會在他的國家出現。不僅如此，他還會成為披頭四「入侵」美國的「罪魁禍首」。

1963 年 11 月，披頭四應邀在倫敦的皇家綜藝秀演出，觀眾包括伊麗莎白女王、皇太后和瑪格麗特公主。披頭四的表演節目結束之前，藍儂發揮他的搞笑和毒舌本領對著全場觀眾說：「在唱最後一首歌之前，我想請大家幫個忙。坐在比較平價位置的觀眾請鼓掌。其他的觀眾，如果你們願意的話，只要搖動你們的珠寶就行了。」全場觀眾，包括皇室成員，不但不以為忤，還報以溫暖的笑聲和掌聲。

隔日，《每日鏡報》刊出一篇稱讚披頭四昨夜御前演出的社論，所下的標題就是〈她愛你〉裡

面的「耶！耶！耶！」。

披頭四已經征服英國，下個目標，他們瞄準大西洋彼岸的美國。到現在為止，他們頭四張單曲在美國的成績都不算很好。第五張單曲〈我想牽你的手〉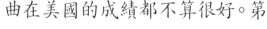＊在拿下英國排行榜冠軍後，終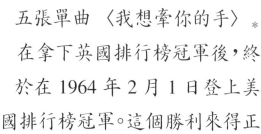於在 1964 年 2 月 1 日登上美國排行榜冠軍。這個勝利來得正是時候，因為他們即將在 2 月 7 日飛往美國巡演。

當他們飛抵紐約的甘迺迪機場時，有三千名瘋狂的歌迷在機場接機。這些人大聲尖叫「披頭四，我愛你！」歡呼聲震耳欲聾，有人淚流滿面，有人昏倒，有人甚至跪下去親吻他們走過的地方。他們被簇擁著進候機室，舉行記者招待會。

一開始，有記者想趁機占點便宜，說：「要不要先唱首歌來聽聽啊？」

藍儂馬上頂回去：「那可是要付錢的喔！」

記者們都笑了，也開始領教披頭四天不怕地

不怕的搞笑功力。那時的搖滾歌星對記者都十分有禮貌，連貓王碰到媒體都要恭恭敬敬稱他們一聲「先生」。沒想到這幾個英國小子居然如此「沒大沒小」，於是對他們的興趣大增，把他們說的話一五一十記下來。

記者問：「你們生平最大的抱負是什麼？」

藍儂一本正經的說：「來美國。」大家都笑了。

他們繼續問：「你們這次來，想帶什麼紀念品回去？」

保羅立刻回答：「洛克菲勒中心*。」

記者笑得更大聲，也更開心。最後他們問林哥：「你覺得貝多芬怎樣？」

---

*我想牽你的手 (I want to hold your hand)：在英國預售超過一百萬張，1963 年 12 月登上英國排行榜冠軍，1964 年 2 月登上美國排行榜冠軍，是披頭四在美國的第一張冠軍曲。可上網輸入關鍵字串 "beatles i want to hold your hand video" 來搜尋影音畫面，聆聽歌曲內容。

*洛克菲勒中心 (Rockefeller Center)：坐落於美國紐約市，由十九棟摩天大樓組成。

　　林哥一臉嚴肅的說：「我愛他，特別是他的詩。」

　　這下子逗得記者全都哈哈大笑，覺得這四個英國小子真有幽默感。

　　2月9日晚上，披頭四上了著名的《蘇利文劇場》＊。當晚觀看節目的電視觀眾有七千三百萬人，占當時美國人口的34%，根據尼爾森收視率統計，這是在美國電視史上觀眾最多的一次。

　　兩天後他們在華府圓形劇場演出，八千名觀眾的叫聲大到讓現場一名維安警察受不了，只得拿兩顆子彈，當耳塞塞住耳朵。觀眾知道披頭四喜歡吃果凍豆糖果，於是千萬顆果凍豆像子彈一般往臺上飛去，有些還打中他們的吉他絃。

　　接下來他們回到紐約，在著名的卡內基音樂廳演出，觀眾爆滿。回英國之前，他們飛到佛羅

＊披頭四上蘇利文劇場：想體驗這歷史性的一刻？想看看五十年前歌迷有多瘋狂？可上網輸入關鍵字串 "beatles on ed sullivan show video" 來搜尋影音畫面，觀看演出內容。

里達，在那裡又上了一次《蘇利文劇場》，再次吸引了七千萬名電視觀眾。

披頭四在美國到底有多紅？請看看 1964 年 4 月 4 日美國《告示牌熱門 100》排行榜就清楚了。底下每一行，依順序顯示歌曲在當週的排行名次、歌名和樂團名：

第 1 名：〈不能買我的愛〉　披頭四

第 2 名：〈又扭又喊〉　披頭四

第 3 名：〈她愛你〉　披頭四

第 4 名：〈我想牽你的手〉　披頭四

第 5 名：〈請取悅我〉　披頭四

沒錯，他們囊括了排行榜前五名。這個紀錄至今沒人能破。

披頭四征服英、美兩國後，繼續揮軍出擊。1964 年的 6 月到 7 月間，披頭四旋風式訪問了丹麥、荷蘭、香港、澳洲、紐西蘭，在二十七天內演

出三十七場。8月，他們回到美國，再度引爆狂潮，在短短一個月內從東岸到西岸，狂掃二十三個城市，演出三十場，每場吸引了一、兩萬歌迷。

　　披頭瘋激起美國人對英國流行音樂的強烈興趣。在他們初次到美國演出後的三年間，英國的樂團和歌手，包括滾石、野獸、奇想和湯姆・瓊斯，紛紛「登陸」美國，受到熱烈歡迎。媒體把這種現象稱為「英倫入侵」(British Invasion)。

驚魂記

　　菲律賓是披頭四 1966 年世界巡演的第二站。

　　7 月 4 日清晨，在菲律賓的馬尼拉旅館，披頭四的公關東尼・貝羅＊和經紀人維克・路易斯睡同一間套房，突然被一陣急劇的敲門聲驚醒。

　　打開房門，門口站了兩名身穿軍裝、表情陰森的男人向他們敬禮。兩位軍人自我介紹，一位是將軍，另外一位是司令官，他們是馬可仕總統官邸接見委員會的成員，因為披頭四今天中午要到官邸，參加由第一夫人伊美黛主持的午餐會，所以來安排一些最後的細節。

＊東尼・貝羅 (Tony Barrow)：是披頭四的第一任公關，早年幫披頭四發新聞稿時，稱呼他們為「神奇四人組」(The Fab Four)。這個暱稱因為讀音明快響亮而且描繪生動，被眾多媒體一直引用至今。

　　貝羅和路易斯面面相覷，不知道兩位軍人在說什麼。情勢有點尷尬，最後貝羅只好硬著頭皮說：「不好意思，但是從來沒有人告訴我們，披頭四今天要去參加第一夫人的午宴。」

　　路易斯也趕快接腔：「今天下午和晚上，他們在馬尼拉有兩場表演。他們昨天深夜剛從東京趕來，現在很累需要休息，實在不方便打擾他們。」

　　貝羅說：「謝謝你們的邀請，我們一定會把這個請求，轉告樂團經理布萊恩‧艾普斯坦。」

　　那位將軍用很嚴厲的口氣說：「這可不是個請求。」意思是：這是個命令。說完，兩位軍人氣呼呼的走了。

　　披頭四終究沒有出席第一夫人的午餐會。

　　當天下午的音樂會來了三萬五千名觀眾，結束後披頭四和隨行人員擠進布萊恩的套房看電視新聞報導。所有的頻道都播出披頭四唱歌和歌迷尖叫、昏倒的畫面，但是主要電視臺之一的第5頻道，除此之外還多了一項報導是別家電視臺所

沒有的。

在這項「獨家新聞」裡，第一夫人和兩百名表情非常失望的小孩子正在枯等披頭四。電視畫面的旁白說：「小孩子很可憐，他們早上十點就來了，一直餓著肚子等披頭四，等到下午兩點都不見他們的蹤影。」電視臺的播音員說伊美黛非常生氣，認為披頭四膽敢放她鴿子，是故意瞧不起她。

布萊恩一看，事情嚴重，立刻發表書面聲明向總統和第一夫人鄭重道歉，同時在他的套房接受第5頻道的訪問，盛讚總統和第一夫人如何英明和美麗，也向大眾澄清，說他真的不知道有這個午餐會的邀請。

布萊恩的訪問在一個鐘頭後馬上播出，但是很詭異的，電視上所有布萊恩的畫面都變成黑漆漆一片，就像一個不祥的警告。這下大家開始緊張了。

緊張很快就變成驚慌。

晚上表演結束以後，披頭四的警察護衛突然都消失不見。不僅如此，當披頭四的座車開回到馬尼拉旅館，他們發現旅館的大門居然深鎖，車子進不去。

他們坐困車內，正在發愁怎麼回旅館房間時，忽然出現好幾十個暴民，開始敲擊車窗，把車子前後搖動，同時用好幾種語言辱罵他們。

路易斯對司機大吼：「穿過人群，把大門撞倒！」司機把車子先小心翼翼穿過暴民，然後猛踩油門，車子像箭一般射出，「匡！」一聲巨響把鐵門撞倒，車上的人被撞擊的力量震得東倒西歪，但是他們總算進到旅館的停車場。

路易斯才剛回到旅館套房，就來了一個政府官員，要他付地方稅。路易斯拿出披頭四的表演契約，指著相關條款對官員說：「先生，您看，這裡寫得清清楚楚，地方稅應該由馬尼拉的承辦人付，不是我們的責任。」

官員根本連看都不看路易斯手中的契約一眼，板著臉凶巴巴的說：「我不管你什麼契約，無論如何，你們如果沒把稅付清，誰都不准離開菲律賓！」

等官員一離開，路易斯對貝羅說：「東尼，我們進了賊窩了，我們得馬上走！」他們馬上打電話到櫃檯，請旅館侍者來幫忙搬行李。等了半天，沒人來。最後他們找到旅館經理，他說：「因為你們侮辱了馬可仕總統，所以整個旅館對你們罷工。不會有人來幫你們搬行李的。」

不但如此，披頭四的四位團員和當地英國大使館的電話被灌爆，當中有些人揚言要對大使館投擲炸彈，有的威脅要殺害披頭四。

好不容易熬到第二天早上，整個樂團的人一看到報紙頭條新聞的斗大標題：「披頭四藐視總統」，知道情況越來越危急，匆匆忙忙拿了行李、樂器、音響設備準備搭電梯下樓，發現電梯居然停止運作，他們只好搭載貨電梯下樓。到了一樓，

旅館大廳一片漆黑，裡面擠滿了工作人員，用英文和西班牙文對他們大聲叫罵。

通往機場的公路被士兵封鎖，他們必須抄小路。好不容易趕到機場，才上電扶梯，它立刻停電不走。抗議的群眾蜂擁而上，對他們吐口水，搶著要抓扯和毆打他們。帶槍的警察趕過來，不是來保護他們，而是幫忙暴民，把他們當人球推撞。

樂團終於上了飛機，官員又上來抓走貝羅。他們拘留貝羅，要他付「離境稅」，否則所有人員不准離開菲律賓。碰到這種土匪國家，貝羅除了花錢消災，還能怎樣？他付出的金額，差不多就是披頭四在馬尼拉兩場音樂會的收入。

飛機起飛後，過去二十四小時的驚嚇轉成憤怒。披頭四把帳算在布萊恩頭上。原來，布萊恩在東京時就已經接到菲律賓政府的邀請，但他置之不理，也沒告訴披頭四，結果捅了這個大漏子。

藍儂先把布萊恩罵得狗血淋頭，最後氣呼呼

的說：「╳的，這是老子最後一次巡迴演出！老子再也不要搞什麼狗屁巡演，再也不要為體育場那一票十三歲的小女生送命！」

布萊恩剛被 K 得滿頭包，心裡很不是滋味，沒好氣的說：「約翰，很抱歉，我們已經和紐約的薛氏體育場簽約，8 月要在那裡演出。如果取消合約，你會損失一百萬美元。」

所以到了 1966 年 8 月，披頭四只好到美國巡演。當時在飛機上他們不知道的是，在薛氏體育場開唱之前，會有另外一場巨大的風暴等著，而所有的雷電冰雹都是因為藍儂的一句話⋯⋯。

● ☆ ● ☆ ● ☆ ●

倫敦的《旗幟晚報》有一位名叫茉琳‧克里夫的記者，和披頭四的成員很熟。她已經採訪披頭四多年，1964 年 2 月他們第一次到美國表演，她也是隨團的記者之一。1966 年 3 月她在《旗幟晚報》發表一系列四篇文章，分別描述四位披頭四團員的家居生活。

克里夫的第一篇文章寫藍儂。為了收集這篇文章的資料,她在 3 月 4 日到藍儂家訪問。藍儂家的布置有點另類,她先跟著他走過一個實物大小的十字架、一件大猩猩的戲服、一副中世紀的盔甲,最後來到他的書房。令她驚訝的是,藍儂的書房整理得井然有序,書架上擺滿了名著,作者包括桂冠詩人但尼生、寫《格利佛遊記》的斯威夫特、劇作家王爾德、寫《1984》和《動物農莊》的歐威爾、寫《美麗新世界》的赫胥黎。除此之外,還有許多關於宗教的書籍。

克里夫在她的文章裡說藍儂「對於宗教涉獵極廣」,同時引用藍儂在訪問那天所說的一段話:「基督教會滅亡。它會先衰退,然後消失掉。我不需要多做解釋,我知道我說得對,大家也會發現我是對的。我們現在比耶穌還受歡迎。我不知道哪個會先走──搖滾樂或基督教。耶穌還好,但他的信徒又蠢又遜。他們總是扭曲教義,搞得我對基督教興趣全無。」

　　第一次世界大戰後，在英國上教堂的人越來越少，所以對英國人來說，基督教的衰退並不是什麼大祕密，也已經是大家經常討論的話題。因為這個原因，藍儂這段話在《旗幟晚報》刊出後，讀者覺得只是老生常談，並沒有引起任何迴響。

　　誰知道五個月後，1966 年 8 月，美國的青少年雜誌《記事簿》報導這篇訪問，並且引用了藍儂有關基督教和「我們現在比耶穌還受歡迎」的話，這下子不得了，整個美國的基督教基本教義派氣炸了。

　　美國阿拉巴馬州和德州的兩家電臺立即發難，禁播披頭四的歌曲。緊接著二十多家的電臺跟進，有些美國南方的電臺更進一步，不但發動抗議遊行，還在戶外架起大篝火，焚燒披頭四的唱片。抗議行動甚至蔓延至美國以外的國家，南非和西班牙決定，所有的國立電臺都不准播放披頭四的歌曲，連梵蒂岡也發表聲明，譴責藍儂的言論。

　　對披頭四來說，《記事簿》的這篇報
導和所引發的燎原之火 ， 來的時機可
說不能再壞——因為披頭四8月就要
在美國進行巡迴演出。起先布萊恩
顧慮團員的安全 ， 考慮取消巡
演，之後雖然決定如期演出，但是
在出發之前，先在芝加哥舉行記
者招待會滅火。

　　記者會前，布萊恩對藍儂說：「約翰，我知道
你當初說那些話沒有惡意。但是我們在美國的巡
迴演出馬上要開始，目前群情激憤，我想如果你
能對大眾道個歉，可能對大家都會好一點。」

　　藍儂雖然個性桀驁不馴，但對於布萊恩倒是
相當敬重，所以即便骨子裡一百個不願意，在記
者會上還是表現得非常謙恭。

　　談到「我們現在比耶穌還受歡迎」那句話，
藍儂說：「我想，當初如果我說『電視』比耶穌還
受歡迎，應該會沒事。但是當時我是在和一個朋

友說話，所以我隨口就說了『披頭四』。」

　　記者問藍儂：「現在有些青少年引用你的話說：『我喜歡披頭四勝過耶穌基督。』你的看法如何？」

　　藍儂：「我原先那番話是針對英國而言。我的意思是對年輕人來說，我們要比耶穌（或當時的宗教）更有意義。我不是在批評或藐視耶穌，我只是說出實際的情況，而這種情況在英國比在美國嚴重。不管你把耶穌當成凡人或神，我都不是在拿我們和他比較，認為我們比耶穌更好或更偉大。我只是想到什麼就說什麼，也許我不應該那樣說的。當然，也有可能我被誤解了。你看現在鬧成這樣。」

　　記者：「無論如何，你準備好要道歉了嗎？」

　　藍儂：「我當初說那番話的意思，並不是像大家所說的那樣。我真的很後悔說了那些話。我從來就沒有反宗教的意思。如果道歉會讓你們開心，那麼我向你們道歉。我還是不了解到底我做

錯了什麼，也一直想要向你們解釋我真正的意思。但是，如果你們要我道歉，如果那樣會讓你們開心，那麼，好吧，我向你們說對不起。」

即使藍儂已經向大眾道歉，披頭四開始在美國巡迴表演時，還是碰到抗議、演出被取消或電話威脅的困擾。

幸好美國終究是一個比較民主和開放的國家，並不是所有的宗教界人士都批評藍儂。比如，耶穌會的雜誌《美國》就說：「藍儂說的那番話，許多基督教的教育家都會欣然同意。」

時間會消磨掉激情和憤怒，也使人對以前的藝術作品重新評價。2008 年是披頭四的《白碟》*發行四十週年紀念，梵蒂岡的報紙《羅馬觀察者》發表聲明說：「約翰・藍儂當初說那些話引起極大的憤慨，尤其在美國。經過這麼多年，那些話現在聽起來，其實只是一個成長於搖滾樂和貓王傳奇的藍領英國年

輕人，在一夕成名後的吹牛罷了。披頭四雖然已經解散三十八年，但是藍儂和麥卡尼所寫的歌，不但在時間的洪流中昂然屹立，而且成為許多世代流行歌手靈感的泉源。」

四十二年前藍儂發表「我們現在比耶穌還受歡迎」的言論被梵蒂岡罵到臭頭，現在他們的態度卻180度轉彎，還真的讓人覺得錯愕。所以林哥對梵蒂岡的示好一點也不領情，他說：「梵蒂岡當初不是罵我們是魔鬼的化身嗎？他們應該有許多事情可以談論，就不要再對披頭四說三道四了吧。」

＊**披頭四的白碟**：為披頭四的第十張專輯，正式的名稱為《披頭四》(The Beatles)，因為唱片封套除了專輯名稱外一片空白，所以這張專輯又稱為《白碟》(White Album)。

09

洋　子

　　無止境的趕場和巡迴演唱讓披頭四的團員身心俱疲，現場幾萬名樂迷的尖叫聲常常使他們聽不見自己在唱些什麼。菲律賓和美國的兩場驚魂記更是壓垮駱駝的最後兩根稻草。1966 年 8 月 29 日，披頭四在美國舊金山燭臺公園舉行最後一場音樂會，他們從此不再現場表演，只在錄音室灌製唱片。過去四年來，他們在國內外總共演出超過一千四百場。

　　藍儂的朋友約翰・鄧巴在倫敦有個叫印地加的畫廊，常有前衛藝術的展覽，藍儂錄製唱片一有空檔，就會去走走。

　　1966 年 11 月，他聽說有位很奇特的女士要來畫廊展演，這個展演會把人裝進黑色的袋子裡

面玩把戲。藍儂喜歡新奇搞怪的事情，一聽很感興趣，特地在展覽正式開幕的前一天晚上，到印地加畫廊看個究竟。

藍儂走進畫廊，看到有些年輕人躺在地上排練行動劇，然後他看到一個蘋果，標價為二百英鎊 *。一個便宜得要命的蘋果竟然敢標這個天價！他興致來了，覺得這個藝術家很會作怪，很有幽默感。

畫廊的天花板垂下來一幅畫，底部連著一條鍊子，鍊子的末端垂掛著一個小望遠鏡，地板上一個梯子的頂端正好搆得著小望遠鏡。他爬上梯子，拿起小望遠鏡對著那幅畫看，看到畫上用很小的字寫了 "yes"。他覺得很開心，因為看到一個正面的字眼。如果看到的是一個負面的字，像 "no" 或「去你的」，他會覺得很嘔，可能會討厭這個女藝術家，那麼搖滾樂的歷史就要重寫。

　　鄧巴拉著女藝術家走過來，介紹他們認識。她遞過來一張看起來像名片的東西，藍儂低頭一看，卡片上寫著「呼吸」，原來是給行動劇演員的提示。藍儂裝模作樣的喘了一大口氣，兩個人都笑起來。

　　鄧巴介紹說：「洋子，這是披頭四的主唱約翰・藍儂；約翰，這是紐約著名的前衛藝術家小野洋子*。」

　　洋子聽過披頭四，但是從沒聽過約翰・藍儂這號人物，她不知道站在面前的是一個風靡全球的搖滾天王。她問藍儂：「你們樂團裡面是不是有個叫林哥的？」

---

* 二百英鎊：約合臺幣九千元。

* 前衛藝術家小野洋子 (Yoko Ono)：她有多「前衛」？1965 年她在紐約的卡內基音樂廳舉行一個叫做「剪一片」(Cut Piece) 的行動藝術表演。她一個人坐在舞臺上，身旁放了一把剪刀，然後她邀請觀眾上臺，每人剪下她身上的一片衣服，直到她赤裸為止。除此之外，她還執導過一部叫《第 4 號》(No. 4) 的電影，整部電影就只是三百六十五個赤裸屁股的特寫，每個屁股停留十五秒。

藍儂說：「有啊，林哥・斯塔，他是我們的鼓手。」

鄧巴很好奇：「洋子，妳不知道約翰・藍儂，但是妳卻知道林哥？」

洋子說：「因為他的名字很好記。『林哥』（她用日式的發音念成 "Lingo"） 在日文裡面是『蘋果』的意思啊。」

兩個男人哈哈大笑，覺得這個女人好可愛。洋子領著他們參觀她的作品，其中一個作品，在一塊空白的木板旁邊放了一根榔頭和一些釘子，標題為「釘一根釘子」。藍儂喜歡這個集體創作的主意，拿起榔頭和釘子就要往木板上釘。洋子連忙阻止：「不好意思，藍儂先生，展覽還沒開始，你現在不能釘。」

鄧巴說：「洋子，別傻了。妳難道不知道約翰是個百萬富翁嗎？他說不定會出高價買這個作品呢。」

洋子對藍儂說：「好吧，看在錢的分上，你就釘吧，但是你要付我五先令﹡。」

藍儂說：「這樣好了，我給妳想像的五先令，妳讓我釘一根想像的釘子。」說著假裝拿錢給洋子，洋子假裝接下。接著藍儂作勢拿起虛擬的榔頭，在木板上釘下一根虛擬的釘子。兩人笑得很開心。

藍儂被洋子迷住了，覺得這個日本女人聰明、有創意、很幽默，而且敢在智力上挑戰他。相較之下，藍儂的太太辛西亞雖然也是藝術學院出身，但骨子裡是一位「賢妻良母」型的傳統女性，對藍儂幾乎是百依百順，讓叛逆又搞怪的藍儂覺得實在太「乖」了。

洋子開始熱烈追求藍儂，常常寫信、打電話、寄自己的作品給他。有時信件剛好被辛西亞看到，或電話被她接到，她問藍儂怎麼回事，他就

﹡五先令：約合臺幣十元。

聳聳肩，雲淡風輕的說：「還不是那個搞現代藝術的瘋女人，她只是想要我捐款，支持她的前衛狗屎罷了。」

這些話當然是藍儂拿來敷衍他老婆的。其實藍儂發現他與洋子對於藝術和人生，有許多相同的看法，又都喜歡創新和搞怪，已經在不知不覺之中愛上她。到了1968年兩人已經愛得難捨難分，在藍儂心中，洋子不僅是他的情人，還是他靈感的泉源、創作的伙伴，和母親。

兩人在1969年結婚以後，藍儂時常稱呼洋子為「母親」。洋子大藍儂七歲，不但有藍儂母親茱莉亞的創意、頑皮、隨性，也有咪咪阿姨的堅毅。在洋子身上，藍儂找到小時一直渴望，卻得不到的母愛。事實上，在1968年悼念媽媽茱莉亞的歌〈茱莉亞〉裡面，藍儂已經把洋子的名字「走私」進去，和媽

媽的名字平起平坐（歌詞見第四章）。在〈茱莉亞〉歌詞的第六行中，"Oceanchild" 這個字是個密碼，表面的意思是「海洋的子女」，其實就是指「洋子」。

藍儂和洋子熱戀以後，兩人像連體嬰一樣，一天到晚黏在一起。藍儂常常帶洋子去錄音室，這可是犯了天條，把保羅、喬治、林哥都惹毛了。當初披頭四成軍時，大家就有一個約定：不准把女友或太太帶進錄音室。現在藍儂公然犯規，不僅如此，洋子在錄音室裡面可不是安安靜靜的待著，而是坐在藍儂旁邊，一直在他耳旁嘰嘰咕咕出主意，碰到大家討論樂曲的時候，她還會滔滔不絕發表意見。其他的團員不敢正面和藍儂衝突，就把氣出在洋子身上。他們當她的面講了很多難聽的話。

藍儂和辛西亞的婚姻走不下去了，他們辦妥了離婚手續。辛西亞當然很難過，但是大家可能覺得尷尬，並沒有多少朋友去安慰她。藍儂和辛

西亞的兒子朱利安，那時才五歲。保羅一向跟辛西亞和朱利安很親，有一天從家裡帶著一朵紅玫瑰開車去探望他們。車程差不多一個鐘頭，保羅想朱利安還這麼小，看到父母離婚，心裡一定很難過，於是在車上開始構思一首新歌，用來鼓勵朱利安。

　　他先唱第一句「嘿，朱利安」(Hey Julian)，然後加上一些安慰和打氣的話當歌詞。再來他把「嘿，朱利安」簡化成「嘿，朱爾」(Hey Jule)。但是「朱爾」有點拗口，不容易唱。最後，保羅把歌詞的第一句改成「嘿，朱德」(Hey Jude)，歌名和這一句相同，就叫〈嘿，朱德〉 *。

　　這首動聽的歌曲，到今天仍深受樂迷喜愛：

Hey Jude, don't make it bad

＊嘿，朱德 (Hey Jude)：是一首能溫潤人心的歌曲。曾在 2012 年的倫敦奧運開幕式中壓軸登場，由保羅引領現場八萬名觀眾合唱，場面動人。可上網輸入關鍵字串 "beatles hey jude video" 或 "paul hey jude london video" 來搜尋影音畫面，聆聽歌曲內容。

／嘿，朱德，振作起來

Take a sad song and make it better

／把悲歌轉成頌歌

Remember to let her into your heart

／把勇氣注入心頭

Then you can start to make it better

／事情就會有轉機

　　除了〈嘿，朱德〉，保羅還寫了許多旋律優美、聽完令人低迴不已的好歌：像寫於 1965 年，被翻唱超過兩千次的〈昨日〉*；以及帶法國風的〈蜜雪兒〉。

　　2010 年 6 月 2 日保羅在白宮演唱〈蜜雪兒〉*，觀眾包括歐巴馬總統和他的夫人。保羅在唱〈蜜雪兒〉之前先講了一番話：「長久以來，我一直心癢難受，想在白宮唱底下這首歌，希望總統能原諒我。」

說完他開始唱：

Michelle, ma belle

／蜜雪兒，我的美人兒

These are words that go together well

／這些字搭配得真美妙

My Michelle

／我的蜜雪兒

Michelle, ma belle

／蜜雪兒，我的美人兒

Sont des mots qui vont très bien ensemble

／這些字搭配得真美妙

Très bien ensemble

／搭配得真美妙

* 昨日 (Yesterday)：保羅在 1965 年所創作和演唱的名曲，哀傷感人，曾居美國、挪威、荷蘭排行榜冠軍。可上網輸入關鍵字串 "paul yesterday video" 來搜尋影音畫面，聆聽歌曲內容。
* 保羅在白宮演唱蜜雪兒：可上網輸入關鍵字串 "mccartney michelle White house video" 來搜尋影音畫面，觀看演出內容。

I love you, I love you, I love you
／我愛妳，我愛妳，我愛妳
That's all I want to say
／這就是所有我想說的

　　保羅為什麼唱歌之前要講那番話？因為歐巴馬總統夫人的名字就叫蜜雪兒，他怕歐巴馬總統吃醋，把他痛扁一頓。

＊　＊　＊　＊　＊　＊　＊

　　1967 年 8 月 27 日對藍儂和其他披頭四的團員來說，是個哀傷和震驚的日子。他們正在參加一個超覺靜坐的禪修會，樂團經理的助理打電話來說，布萊恩去世了。他走的時候才三十三歲。布萊恩一手把披頭四從利物浦的小樂團，打造成站在世界巔峰的搖滾天團，沒有他，搖滾樂史上就沒有披頭四。團員對他又敬又愛，藍儂更把他當成亦父亦友的至交。藍儂說：「我們當時全都崩潰了。我知道我們慘了。我們除了玩音樂以外其

他什麼都不會，當時我真的很害怕。」

　　布萊恩死後，披頭四樂團的運轉頓失方向。再加上後來藍儂把小野洋子帶進錄音室，更是引起其他團員的強力反彈。保羅看藍儂和洋子愛得難分難捨，根本無心團務和寫歌，樂團岌岌可危，於是想要取布萊恩和藍儂而代之，重整樂團紀律，帶領樂團走出危機，並且重出江湖開演唱會。可是因為保羅作風太強勢，把大家呼來喚去，團員心裡不高興，當然不服他的領導。

　　混亂的局勢持續兩年，藍儂終於在 1969 年 9 月向披頭四其他團員宣布，他要退出樂團，也等於解散披頭四。

　　有許多披頭迷，特別是英國的披頭迷，把披頭四的解散和藍儂的離婚都歸咎於小野洋子。他們因而痛恨洋子，心想這個離過婚的日本女人算

什麼，居然膽敢搶走我們的「國寶」，還打散我們
的天團？

　　其實在這些指控裡面，不乏種族和性別歧
視。披頭四解散的真正原因應該是布萊恩的去
世，加上藍儂對於長久以來馬不停蹄的巡演，和
當一個名人的倦怠感，洋子的出現只是一個催化
劑罷了。

　　至於藍儂、辛西亞、洋子的感情問題，那是
三個成年人之間的私事，也是他們的選擇，外人
其實並沒有權利說三道四。

10

愛與和平

　　1967 年 6 月 25 日在電視廣播史上是很重要的日子——在這天，全球電視透過衛星首次做現場聯播。主辦單位 BBC 邀請十九個國家的著名藝術家在現場表演或接受訪問，來賓包括世界聞名的歌劇女高音卡拉絲和畫家畢卡索。節目最後，BBC 請披頭四壓軸，唱藍儂特地為這次聯播寫的新歌〈你所需要的只是愛〉*。那時越戰已經打了十二年，美國在越南的駐軍高達五十萬，反戰的聲浪越來越強。藍儂藉由這首歌，呼籲世人以愛止恨，消弭戰爭。全世界有四億人觀看這

---

*你所需要的只是愛 (All you need is love)：1967 年 7 月登上英國和美國的
　排行榜冠軍。可上網輸入關鍵字串 "beatles all you need is love video" 來
　搜尋影音畫面，聆聽歌曲內容。

個節目。

　　那一年的夏天是嬉皮*的「愛之夏」活動，十萬名嬉皮湧進舊金山，他們頭上戴花，光著腳，手牽手高唱藍儂這首新歌，反對美國介入越戰。

　　1968 年尼克森當選美國總統，他雖然口口聲聲要讓美國軍人回家，事實上他不但沒有從越南撤軍，還把戰爭擴大到越南的鄰國──寮國和柬埔寨。

　　到了 1968 年年底，藍儂和洋子發行一張名為《童男處女》的唱片。唱片內容是實驗性的音樂，其中包含各式各樣的音效，漫無章法的鋼琴「演奏」，以及女人的哼唱或尖叫。這樣前衛的唱片沒幾個人聽得懂，更別談喜歡，銷量當然很差。可是大家卻永遠忘不了唱片的封面：藍儂和洋子的正面全裸照片。唱片一發行，立即引發爭議而被

---

*嬉皮 (Hippie)：起源於 1960 年代中期的美國，是一群反戰、反政府體制、反大公司、主張愛與和平的年輕人。他們的立意很好，但也因為一些成員的不事生產和生活頹廢而被詬病。

禁止播出，但是媒體全打破頭，要找出那張唱片封面來刊登。

　　藍儂和洋子兩人在 1969 年 3 月結婚，到荷蘭的阿姆斯特丹度蜜月，並且廣邀媒體到他們的蜜月套房採訪。經歷過他們之前在《童男處女》的驚人演出，媒體食髓知味，簡直樂歪了，心想這兩個搞怪的傢伙在蜜月期間，一定會有更大膽火辣的表演。於是一百多位來自世界各國的記者，紛紛湧進他們下榻的希爾頓旅館的總統套房。記者一進門，卻發現藍儂和洋子兩人穿著保守的睡衣，端端正正坐在床上，笑瞇瞇對著他們比剪刀手說：「和平！」

　　一大票記者這下子全都傻了眼，有記者問藍儂：「約翰，你不是叫我們來採訪你們的蜜月嗎？怎麼是這副德行？」

　　藍儂笑嘻嘻的說：「我們這就是在度蜜月呀！不然你們以為我們

在幹嘛？」

　　記者：「我們以為你們會有什麼熱情的演出，才千里迢迢趕來的。」

　　藍儂先調侃記者：「你們這些人很邪門喔，滿腦子的歪思想。」又接著說：「放心啦，我們不會讓你們失望的。你們知道洋子和我為什麼要『床上靜坐』嗎？」

　　記者：「不知道。」

　　藍儂：「為了和平啊。現在越戰打那麼凶，死了那麼多人，戰爭是多麼殘酷的事！所以洋子和我才藉著蜜月的機會，用非暴力的方式反戰、呼籲美國從越南撤軍啊。你們只要把這新聞發出去，保證報紙銷路會很好！」

　　記者們有點失望，但是衝著藍儂和洋子的知名度，還是發布新聞說：「約翰和洋子蜜月期間床上靜坐，宣揚和平理念。」隔天果然登上全球許多媒體的頭條新聞，造成很大的轟動。

　　藍儂和洋子看第一次的床上靜坐很成功，想

到紐約如法炮製，但是尼克森政府不喜歡他們的反戰示威，拒絕發給藍儂入境簽證，兩人只好轉往加拿大的蒙特婁，入住伊麗莎白女皇旅館。在那裡，他們繼續床上靜坐，接受記者的採訪。

在蒙特婁的這段期間，藍儂寫了〈給和平一個機會〉*，並且在旅館房間完成錄音。這首歌很快成為當時反越戰運動的「國歌」。1969 年 10 月 15 日在華府的華盛頓紀念碑前面，老牌的民謠歌手彼特・席格帶領五十萬名反越戰的群眾，高唱藍儂的這首歌，向尼克森政府嗆聲：

All we are saying is give peace a chance
／我們說的只是：給和平一個機會
All we are saying is give peace a chance
／我們說的只是：給和平一個機會

---

*給和平一個機會 (Give peace a chance)：1969 年 7 月在英國和美國發行。居英國排行榜第二名；美國排行榜第十四名。可上網輸入關鍵字串 "lennon give peace a chance video" 來搜尋影音畫面，聆聽歌曲內容。

　　同年 12 月藍儂和洋子在全球十二個大都市，
包括紐約、倫敦、巴黎、東京等，掛起大幅黑白
看板，上面先用大大的字寫著：

WAR IS OVER
／戰爭結束了

然後底下用細小的字寫著：

If You Want It
／如果你願意的話
Happy Xmas from Lennon and Yoko
／藍儂和洋子祝你聖誕快樂

　　1971 年藍儂和洋子離開倫敦搬到紐約，到了
12 月，藍儂就兩年前看板上的訊息發揮，寫成一
首感人的聖誕歌曲〈聖誕快樂（戰爭結束了）〉*：

A very merry Christmas
／祝你聖誕快樂

And a happy New Year

／也祝你新年快樂

Let's hope it's a good one

／願來年是個好年

Without any fear

／沒有任何恐懼

And so this is Christmas

／聖誕節來到

For weak and for strong

／為了強者和弱者

For rich and the poor ones

／為了富人和窮人

The world is so wrong

／世間如此不公

＊聖誕快樂（戰爭結束了）(Happy xmas (war is over))：1972 年 11 月英國
排行榜第四名；在 1972 年 12 月到 1973 年 2 月之間，進入澳洲、比利
時、丹麥、法國、愛爾蘭、荷蘭、挪威、新加坡的排行榜前十名。可上
網輸入關鍵字串 "lennon happy xmas (war is over) video" 來搜尋影音畫
面，聆聽歌曲內容。

And so happy Christmas

／仍然願你聖誕快樂

For black and for white

／為了黑人和白人

For yellow and red ones

／為了黃人和紅人

Let's stop all the fight

／讓我們停止爭戰

　藍儂不僅反戰，也在一些歌曲中批評社會的虛偽和不公不義、關懷社會弱勢，如〈藍領英雄〉*和〈人民力量大〉*；也支持男女平權，如在〈女人是世界的黑奴〉*中，他更把男性欺壓女性的沙豬*嘴臉刻劃得入木三分。

　1972年尼克森總統尋求連任，這時有媒體報導，藍儂想利用他的名氣透過全國的巡迴演唱，結合搖滾樂和反戰思想影響年輕人，呼籲他們不要投尼克森。參議員斯壯‧瑟蒙德寄了一封祕密

備忘錄給檢察總長和尼克森的助理，密報藍儂的意圖，並且極力主張將藍儂驅逐出境。尼克森立即命令聯邦調查局 (FBI) 監視藍儂，美國的移民局也開始驅逐藍儂出境的作業。藍儂和移民局打了五年的官司，才在 1976 年勝訴拿到綠卡。

1975 年當時的美國移民局首席顧問辭職後，曾經在公開場合說，美國政府試圖驅逐藍儂所用的手段，比對付一個納粹罪犯還嚴厲。諷刺的是，如果當時藍儂被美國政府驅逐出境，也許他到今天還活著。

＊**藍領英雄** (Working class hero)：藍儂以吉他伴奏的獨唱曲，沉靜、哀傷，同時又充滿憤怒。同情工人，批判階級不公和「高尚人士」的偽善。可上網輸入關鍵字串 "lennon working class hero video" 來搜尋影音畫面，聆聽歌曲內容。

＊**人民力量大** (Power to the people)：很熱鬧，節奏感強烈的曲子，適合用於社運示威遊行。可上網輸入關鍵字串 "lennon power to the people video" 來搜尋影音畫面，聆聽歌曲內容。

＊**女人是世界的黑奴** (Woman is the nigger of the world)：藍儂和洋子共同創作，為女性發聲的曲子。可上網輸入關鍵字串 "lennon woman is the nigger of the world video" 來搜尋影音畫面，聆聽歌曲內容。

＊**沙豬**：全名為男性沙文主義豬 (Male chauvinist pig)，對男性自大狂的蔑稱，特別指那些以言語或行動表現男性優於女性的自大狂。

11

想　像

洋子在 1975 年 10 月 9 日產下一子，取名西恩。那天剛好是藍儂的三十五歲生日，他開心極了。藍儂非常喜歡西恩，從此停止灌製唱片和受訪，在家全心帶小孩，當起家庭主夫，財務的事情則交由洋子出面處理。藍儂每天照顧西恩，餵他喝奶、吃東西、哄他睡覺。有時朋友打電話過來，會聽到藍儂說：「待會兒再打來好嗎？我正好要幫西恩洗澡。」除此之外，他還做家事，像烤麵包和換貓砂。這樣「女主外，男主內」的日子過了五年。

相較之下，他和辛西亞生的兒子朱利安就沒有這種好待遇。朱利安出生時，藍儂和布萊恩正在西班牙度假。藍儂後來在接受《滾石》的訪問

時承認：「辛西亞快生了，但是假期已經排定，我才不會為了一個嬰兒而改變度假的計畫。你看我當時有多混蛋。」朱利安小時候正好是披頭瘋的期間，藍儂一天到晚在外面巡迴演出，根本沒時間陪他。等到他五歲，父母就離婚了，從此沒有多少機會見到藍儂。對於朱利安來說，藍儂是個缺席的父親，他們父子的關係，幾乎是當年阿福和藍儂的翻版。

難怪朱利安長大以後要說：「對我來說，約翰既不是音樂家，也不是和平的象徵，只是我深愛的父親、一個在很多地方讓我失望的父親。……他追求世界和平，鼓勵世人相愛，但卻無法跟母親和我和平相處，也無法給我們足夠的愛。」

我們不知道藍儂對西恩如此呵護備至，是不是潛意識裡面，想彌補當初對朱利安的虧欠；是不是心裡在想：「上次搞砸了，這次得好好表現。」但可以確定的是，藍儂對朱利安絕非毫無父子之情。就在藍儂和辛西亞即將離婚的時候，

他寫了一首搖籃曲〈晚安〉*給朱利安，歌裡的
深情真摯而感人：

> Now it's time to say good night
> ／該說晚安了
> Good night, sleep tight
> ／晚安，乖乖睡
> Now the sun turns out his light
> ／太陽熄燈了
> Good night, sleep tight
> ／晚安，乖乖睡
>
> Dream sweet dreams for me
> ／為我做個美夢
> Dream sweet dreams for you
> ／為你做個美夢

---

*晚安 (Goodnight)：藍儂創作的搖籃曲，由林哥獨唱，伴奏的樂團龐大，
幾乎等於一個小型的交響樂團。可上網輸入關鍵字字串 "beatles
goodnight video" 來搜尋影音畫面，聆聽歌曲內容。

Close your eyes and I'll close mine

／閉上你的眼睛，我也閉上我的

Good night, sleep tight

／晚安，乖乖睡

Now the moon begins to shine

／月亮出來了

Good night, sleep tight

／晚安，乖乖睡

經過五年的奶爸生涯，藍儂在 1980 年 10 月以單曲〈（就像）重新開始〉復出，一個月後發行他和洋子合作的專輯《雙重幻影》。兩人雄心勃勃，準備在樂壇掀起狂潮。

1980 年 12 月 8 日下午五點左右，藍儂和洋子走出他們在紐約居住的達科塔大廈，準備到錄音室為洋子的一首歌混音。一如往常，門外聚集了一些歌迷，向藍儂索取簽名。有一位二十五歲，名叫馬克‧大衛‧查普曼的歌迷默默遞上一張

《雙重幻影》的唱片，藍儂在上面簽了名，順道問他：「這樣就行了嗎？」查普曼只是微笑點頭，沒說什麼。

當晚快十一點時，藍儂和洋子從錄音室回來，查普曼在達科塔大廈拱門旁的暗影處等著。藍儂走過去以後，他朝藍儂的背後開了五槍，四槍擊中。藍儂在送到醫院後不久去世，享年四十歲。查普曼以謀殺罪被判無期徒刑。

你現在終於知道，1994 年披頭四團員重聚，演奏三十六年前喬治在巴士上的入團考試曲目〈色瞇瞇〉，向往日的時光致敬時（第四章），藍儂之所以缺席的原因了。因為他已經去世十四年。

查普曼為什麼要殺藍儂？據他自己說是為了兩個原因：第一，他認為藍儂早先

「我們現在比耶穌還受歡迎」的言論（第八章）
褻瀆了基督；第二，藍儂明明非常有錢，卻在所
寫的〈想像〉＊這首歌裡面，唱說「想像世人都
沒有財產」。查普曼甚至在唱這首歌時，把這句歌
詞改成「想像約翰・藍儂死了」。

　　藍儂去世的隔天，洋子發表聲明：「約翰深愛
世人並且常為他們禱告，請大家也為他禱告。」
他去世後第六天──12 月 14 日，全球數百萬人
應洋子的請求為藍儂默哀十分鐘。藍儂的故鄉利
物浦聚集了三萬人，出事地點附近的紐約中央公
園聚集了二十二萬人，紐約的廣播電臺在這十分
鐘期間全部靜音。

　　藍儂的骨灰撒在中央公園。為了紀念他，後
來這個公園劃出一片小廣場，以藍儂寫的名曲

＊**想像 (Imagine)**：藍儂離開披頭四以後最暢銷的單曲。1975 年在英國發
　行，獲得排行榜第六名；1980 年藍儂遇刺後，再度進入英國排行榜，登
　上冠軍寶座。可上網輸入關鍵字串 "lennon imagine video" 來搜尋影音畫
　面，聆聽歌曲內容。

〈永遠的草莓園〉*命名為「草莓園」。小廣場中間有個用馬賽克拼成的圓形圖樣，中心點拼著英文大寫字母 "IMAGINE"（想像）——藍儂最著名歌曲的名字。每年藍儂的生日和忌日，他的歌迷會聚集在「草莓園」，彈琴唱歌直到深夜。

***永遠的草莓園** (Strawberry Fields Forever)：「草莓園」為救世軍所辦的兒童之家，位於藍儂的故鄉利物浦，離他家很近，小時候常和朋友去玩，那裡有他許多美好的回憶。藍儂藉由〈永遠的草莓園〉這首歌懷念他的童年，因此紀念他的廣場命名為「草莓園」。可上網輸入關鍵字串 "beatles strawberry fields forever video" 來搜尋影音畫面，聆聽歌曲內容。

　　美國前總統卡特曾說：「我太太和我訪問過一百二十五個國家，我們發現，在世界上許多國家，〈想像〉這首歌幾乎和它們的國歌一樣重要。」在這首歌裡面，藍儂以簡單平穩的鋼琴伴奏，安詳的唱出他對四海一家的憧憬：

Imagine there's no heaven
／想像沒有天堂

It's easy if you try
／試試看這很容易

No hell below us
／我們腳下沒有地獄

Above us only sky
／我們的頭上只是藍天

Imagine all the people living for today
／想像大家為今日而活

Imagine there's no countries
／想像沒有國度

It isn't hard to do

／這一點也不難

Nothing to kill or die for

／沒有任何理由殺戮或為它犧牲

And no religion too

／也沒有宗教

Imagine all the people living life in peace

／想像全人類和平相處

想像藍儂還活著，和洋子繼續創造出許多好聽的歌曲或搞怪的前衛藝術；想像藍儂還活著，坐在那架白色鋼琴前自彈自唱〈想像〉。有他在，這個世界會變得更美好，也更有趣。

　　約翰・藍儂雖然只活了四十歲，他依舊為我們留下豐富的文化遺產和學習的榜樣。

　　藍儂在 1960 年創立披頭四，成軍不久就被譽為充滿創意的樂團，創造出其他樂團做夢都想不到的樂音，也顛覆既有的流行樂曲形式，影響從 60 年代到目前的許多流行歌手和樂團。

　　比如說，1960 年代中期曾經爆紅的猴子樂團，組團的時候就言明要當披頭四的山寨版；披頭四解散二十多年後，到了 1991 年，英國的綠洲樂團無論曲風和舞臺布置，還是處處可見披頭四的影子；而近年來大紅大紫的女神卡卡更不止一次公開聲明：「約翰・藍儂是我特別鍾愛的歌曲作者。」

　　除此之外，還有許多著名的樂團和歌手也都受到披頭四的影響，包括 ELO 樂團、電臺司令樂

團、放蕩樂團、吉米・罕醉克斯、大衛・鮑伊、
平克・佛洛伊德和艾爾頓・強。

　　1972 年尼克森總統尋求連任，藍儂的反越戰
思想和和平示威行動，加上他在搖樂壇的崇高地
位，對尼克森的選情造成嚴重威脅。於是尼克森
下令聯邦調查局 (FBI) 跟蹤監聽藍儂，並且要求
移民局將他驅逐出境。藍儂堅持信念，一點都不
退縮。他置生命和事業於險境，和美
國政府周旋，打了五年官司。這種
以一人敵一國、「雖千萬人吾往
矣」的勇氣，激勵了世世代代愛
好和平的熱血年輕人。

　　捷克首都布拉格有一面約翰・
藍儂牆，上面畫滿了有關藍儂的塗
鴉。在 1980 年代，年輕學生在這面

牆上塗寫對於共產暴政的憤怒 ; 共產政權垮臺以後，他們在牆上塗寫對愛與和平的嚮往。

藍儂寫了許多著名的反戰、同情弱勢、伸張女權的歌曲。他寫的〈想像〉，至今仍是反戰的「國歌」，鼓勵世人勇敢追夢 ， 構建一個四海一家的理想國。這首歌不但在 1996 年和 2012 年的奧運閉幕式上演唱，而且自從 2005 年開始，每年都在紐約市時代廣場的跨年晚會中演奏。

因為優美的旋律和寓意深遠的歌詞，它還被一百多位著名的歌星翻唱過，包括瑪丹娜、史提夫‧汪達、瓊‧拜姿以及黛安娜‧羅絲。《滾石》雜誌更稱讚〈想像〉是藍儂送給這個世界最偉大的音樂禮物。

　　藍儂以歌曲和行動藝術，鼓勵世人用非暴力的方式改變世界。創意十足的歌曲和追求和平的偉大胸襟，使他成為搖滾樂史上的領航者，影響可說無遠弗屆，連東南歐小國阿爾巴尼亞的港都都拉斯，和共黨國家古巴的首都哈瓦那，都有藍儂的雕像。

　　為了向藍儂致敬，故鄉利物浦的國際機場在2002年改名為「利物浦約翰藍儂機場」，登機報到的大廳立了一座兩公尺高的藍儂銅像，屋頂則漆上機場的座右銘:「我們的頭上只是藍天」──正是〈想像〉歌詞裡面的一句。

約翰·藍儂

1940 年	10 月 9 日出生於英國利物浦。
1956 年	得到第一把吉他。創立採石者樂團。
1957 年	邀請保羅·麥卡尼加入採石者樂團。
1958 年	創作生平第一首歌〈哈囉小女孩〉。喬治·哈里森加入採石者樂團。藍儂的母親過馬路時被酒駕者撞飛身亡。
1960 年	成立披頭四。披頭四前往德國漢堡演出。
1961 年	披頭四在洞穴俱樂部初演。布萊恩·艾普斯坦擔任披頭四的樂團經理。
1962 年	與辛西亞·鮑爾結婚。林哥·斯塔加入披頭四。披頭四發行首張單曲〈真心愛我〉。
1963 年	大兒子朱利安出生。「披頭瘋」開始。
1964 年	披頭四首度到美國表演，受邀上《蘇利文劇場》綜藝秀，「英倫入侵」開始。
1965 年	出版第一本書《憑我所筆》。
1966 年	出版第二本書《工廠裡的西班牙人》。發表「我

們現在比耶穌還受歡迎」的言論，引起宗教保守派的強烈反彈。披頭四在舊金山的燭臺公園舉行最後一次公演。認識小野洋子。

1968 年　與辛西亞離婚。與洋子發行《童男處女》的唱片。寫下〈茱莉亞〉一歌悼念亡母。

1969 年　與小野洋子結婚，在阿姆斯特丹床上靜坐。創作〈給和平一個機會〉。退出披頭四。

1971 年　與洋子一起搬到紐約。創作〈聖誕快樂（戰爭結束了）〉、〈想像〉。

1972 年　美國政府開始驅逐藍儂出境的作業。

1975 年　第二個兒子西恩出生。開始奶爸生涯。

1976 年　獲得美國永久居留權。

1980 年　發行單曲〈（就像）重新開始〉。12 月 8 日被槍擊身亡。

參 考 資 料

- 《我深愛過的約翰藍儂》／Cynthia Lenon 著；蔡士瑩譯
- 《我心中的約翰藍儂》／小野洋子編著
- 《時代的噪音》／張鐵志著
- 《滾石》 雜誌在 1970 年訪問約翰‧藍儂的全文 : "Lennon Remembers"／Jann S. Wenner 撰
- *A Hard Day's Write*／Steve Turner 著

近代領航人物

生命教育首選讀物

養成良好品格，激發無限潛力，打造下一個領航人物！

你可以像自由鬥士 曼德拉 一樣找到自己的理想嗎？

你能像世界知名設計師 可可‧香奈兒 一樣隨時發揮創意嗎？

你想成為像搖滾巨星 約翰‧藍儂 一樣的萬人迷嗎？

讀完他們的故事，你也做得到！

◆ 近代人物，引領未來航線

◆ 橫跨領域，視野真正全面

◆ 精采後記，聚焦全書要點

◆ 彩色印刷，吸睛兼顧護眼

全系列共二十冊
陸續出版

在經典故事中成長

有圖、有料、有意思

唐三藏西天取經、魯智深大鬧桃花村、
諸葛亮草船借箭、牛郎織女鵲橋相見……
過去，我們讀這些故事長大
現在，我們讓這些故事陪孩子一起長大
豐富的文化應該被傳承，傳統的經典需要有新意

小說新賞，讓經典再現——

- 導讀簡明，掌握故事緣起
- 內容生動，融合古典新意
- 插圖精美，呈現具體情境
- 經典新編，富含文學性質

全系列共三十冊　敬請期待

一生不可不讀的三十本經典

國家圖書館出版品預行編目資料

約翰‧藍儂 / 李寬宏著;徐福騫繪.－－初版一刷.－－
臺北市: 三民, 2014
面; 公分.－－(兒童文學叢書/近代領航人物)

ISBN 978–957–14–5871–7　(平裝)

1. 藍儂(Lennon, John, 1940–1980) 2.傳記 3.通俗作
品

781.08　　　　　　　　　　　　　　102026004

© 　約翰‧藍儂

著 作 人	李寬宏
繪　　者	徐福騫
主　　編	張燕風
企劃編輯	莊婷婷
責任編輯	鄭兆婷
美術設計	林子茜
發 行 人	劉振強
著作財產權人	三民書局股份有限公司
發 行 所	三民書局股份有限公司
	地址　臺北市復興北路386號
	電話　(02)25006600
	郵撥帳號　0009998–5
門 市 部	(復北店)臺北市復興北路386號
	(重南店)臺北市重慶南路一段61號
出版日期	初版一刷　2014年1月
編　　號	S 782330

行政院新聞局登記證局版臺業字第○二○○號

有著作權‧不准侵害

ISBN　978–957–14–5871–7　　(平裝)

http://www.sanmin.com.tw　三民網路書店
※本書如有缺頁、破損或裝訂錯誤,請寄回本公司更換。